Georg Friedrich Unger

Die troische Aera des Suidas

Georg Friedrich Unger

Die troische Aera des Suidas

ISBN/EAN: 9783743698802

Hergestellt in Europa, USA, Kanada, Australien, Japan

Cover: Foto ©ninafisch / pixelio.de

Weitere Bücher finden Sie auf **www.hansebooks.com**

Die

troische Aera des Suidas.

Von

Georg Friedrich Unger.

Aus den Abhandlungen der k. bayer. Akademie der Wiss. I. Cl. XVII. Bd. III. Abth.

München 1885.
Verlag der k. Akademie
In Commission bei G. Franz.

Die troische Aera des Suidas.

In fünf literargeschichtlichen Artikeln des Suidas, unter Ἀρκτῖνος, Λυκοῦργος ὁ Σπαρτιάτης, Σίβυλλα Ἀπόλλωνος καὶ Λαμίας, Σιμωνίδης Κρίνεω Ἀμοργῖνος, Φωκυλίδης wird die Blüthezeit dieser und anderer Schriftsteller[1]) durch Zählung der seit Troias Fall verflossenen Jahre bestimmt und so eine Anzahl von Daten überliefert, deren Besitz bei der Mangelhaftigkeit der andern uns noch über sie zu Gebote stehenden Zeitangaben von hoher Wichtigkeit wäre, wenn man wüsste, welche von den vielen Zeitbestimmungen der troischen Epoche den Daten des Suidas oder vielmehr seiner literarhistorischen Quelle, des Hesychios von Miletos zu Grunde liegt. Man hat sich gewöhnt das durch Apollodoros zu weiter Verbreitung gebrachte eratosthenische Datum 1183 bei Suidas vorauszusetzen, um so mehr als in dem Artikel Ὅμηρος ὁ ποιητής Μίλητος das Ereigniss in der That 407 Jahre vor Olymp. 1 gesetzt wird; zu dieser Voraussetzung durfte man sich indess nur so lange berechtigt glauben, als man noch nicht begonnen hatte, die hesychischen Stücke auszuscheiden und von den Zusätzen sei es des Suidas oder seiner Abschreiber zu sondern. Gerade das grosse, von ἔστι δὲ ἡ τοῦ γένους τάξις bis Εὐριγυῶν καὶ Θεάλους reichende Stück jenes Homerartikels, welches die Worte ἐτέθη δὲ αὕτη μετὰ τὴν Τροίης ἅλωσιν ἐνιαυτοῖς ὕστερον ιζ´ enthält, wird von Flach (Hesychii Milesii quae supersunt 1882 p. 152) als nicht hesychisch eingeklammert und die Richtigkeit seines Urtheils erhellt ausser den von ihm im Rhein. Mus. XXXV 198 dargelegten Gründen auch aus einer Vergleichung mit dem Inhalt der ächten Partien des

---

1) Verfasser einer schriftlichen Gesetzgebung wird Lykurg u. a. O. genannt.

Artikels. Eine solche gleich hier am Anfang anzustellen veranlasst mich die grundlegende Wichtigkeit dieser Frage; ihr weiteres Ergebniss wird sein, dass das eingelegte Stück nicht, wie Flach meint, aus Porphyrios und andern Schriftstellern zusammengestellt, sondern ein der ächten Partie so gut es gieng angepasster Auszug aus Charax ist, was zu erkennen man nur durch unrichtige Bestimmung der Zeit dieses Historikers verhindert worden ist.

Die unächte Einlage besteht aus fünf Theilen. Der erste gibt einen langen, 14 Glieder aufzählenden Stammbaum des Dichters κατὰ τὸν ἱστορικὸν Χάρακα, welcher sicher nicht von Hesychios mitgetheilt war: denn in der ächten Partie ist schon Charax citirt, dort aber dem Plan des Hesychios gemäss nur das letzte Glied, die Aeltern genannt. 2) Die Heimat des Dichters. Während Hesychios nur vier Varianten über die Aeltern und, da zwei von jenen nach Miletos weisen, drei über das Vaterland Homers kennt oder erwähnenswerth findet, werden hier der letzteren nicht weniger als 20 aufgeführt und nachdem Hesychios bereits beide Kategorien auf einmal angegeben hatte, weil mit den Aeltern ja schon die Heimat angezeigt wird, macht der Auszügler, um die Hinzufügung jener Variantenmenge zu rechtfertigen, den Uebergang zu ihr mittelst der spitzfindigen und verkehrt begründeten Scheidung: ὁμοίως δὲ καὶ τὴν πατρίδα ἀμφιβόλως διὰ τὸ ἀπιστηθῆναι ὅλως εἶναι θνητὸν τῷ μεγέθει τῆς φύσεως. 3) Diejenige von den 20 Varianten. welche er selbst billigt, ist eben die des Charax: denn der ursprüngliche Name des Dichters war dem Glossem zufolge Melesigenes, wegen seiner Geburt am Flusse Meles κατὰ τοὺς Σμυρναίων αὐτὸν γενεαλογοῦντας; nach Charax war er in der That ein Smyrnaier, aber nicht, wie Hesychios sagt, ein Sohn des Flussgottes Meles, sondern des Maion, also nur, wie bei dem Auszügler, am Meles geboren. 4) Geburtszeit 57 Jahre vor OL 1, nach Porphyrios dagegen 132 vor OL 1, anderen zufolge 160 nach Troias Fall. Porphyrios ist also nicht die sei es einzige oder Hauptquelle der Einlage, sondern in jener nur citirt gewesen und zwar, wenn Charax später geschrieben hat, von diesem. Derselben Hauptquelle des Glossems gehört auch, weil sie als Ansicht des Schreibers auftritt, die Datirung der troischen Epoche: 407 Jahre vor OL 1; dass diese auch von Porphyrios anerkannt war, kann bei der weiten Verbreitung derselben nichts beweisen. 5) Gattin und Descendenz des Dichters. Damit wird der aus Charax mitgetheilte Stammbaum nach unten fortgesetzt. Der Schwiegersohn Stasinos gehört als cyklischer Dichter frühestens dem achten, Euryphon, Homers Sohn, als Urgrossvater des Terpandros keinem späteren als demselben Jahrhundert an: beides passt zu dem in Nr. 4 vorgezogenen Geburtsdatum 833 v. Ch.

Die Ansicht, dass der Historiker Charax mit dem von Marc Aurel erwähnten Philosophen Charax aus Pergamon identisch sei (Müller fr. hist. III 636) beruht lediglich auf der Autorität des Hesychios Milesios, der aber keine Angabe über das Zeitalter des Geschichtschreibers vorgefunden und ihn mit dem Philosophen nur aufs Gerathewohl identificirt hat. Bekannt ist ihm bloss das Werk des Historikers, keine Schrift oder Lehre des Philosophen, Suidas Χάραξ] ἔγραψεν Ἑλληνικῶν τε καὶ † ἱστοριῶν βιβλία μ΄: von der Existenz des letzteren wusste er nur aus dem Buch eines andern Schriftstellers und die Gleichnamigkeit verführte ihn zur Identification, Suidas Χάραξ Περγαμηνὸς ἱερεὺς καὶ φιλόσοφος. ὡς εὗρον ἐν ἀρχαίῳ βιβλίῳ ἐπίγραμμα οὕτως ἔχον· Εἰμὶ Χάραξ ἱερεὺς γεραρῆς ἀπὸ Περγάμου ἄκρης: in jenem Buch war derselbe offenbar als Philosoph bezeichnet. Um das ihm nicht genannte Zeitalter des Mannes aufzufinden, las er das Geschichtswerk, machte aber, da sämmtliche 40 Bücher durchzunehmen zu viel Zeit und Mühe gekostet haben würde, der Lektüre vor dem VIII. Buch ein Ende, ohne ans Ziel gekommen zu sein, Suid. ἔστι δὲ τῶν κατ' Αὔγουστον πολλῷ νεώτερος· μέμνηται γοῦν ἐν τῷ β΄ τῶν βιβλίων Αὐγούστου ὡς πάλαι γενομένου Καίσαρος καὶ ἐν τῷ ζ΄ Νέρωνος καὶ τῶν μετ' αὐτὸν βασιλευσάντων. Charax schrieb in der zweiten Hälfte des IV. oder der ersten des V. Jahrhunderts, ein bis zwei Jahrhunderte nach Porphyrios. Zuerst citirt ihn das geographische Onomastikon des Stephanos von Byzantion und er kennt bereits die neue Reichshauptstadt Constantinopolis: denn die Benennungen, welche sein 18. Fragment (bei Malala p. 175) den einzelnen Theilen des Circus gibt, sind dem von Constantin d. Gr. geschaffenen byzantinischen Hippodrom entlehnt: dort hiess wie in dem Bruchstück der Platz wo die Meta stand σφενδόνη, und der weiche Boden der Pferdebahn πῆλμα, s. Ducange. Constantinopolis Christiana II 1, 9. Aecht neubyzantinisch ist die Einmischung lateinischer Fremdwörter in das Griechische. fr. 14 bei Eustathios zu Dionys. Per. 689

μεμβράναις und fr. 18 τὰ ἑπτὰ σπάτια (die VII spatia des Circus), mit welcher Eigenthümlichkeit auch die vorgebliche Kenntniss des Altitalischen in fr. 22 (Etymol. M. 25) zusammenhängt: τοὺς γεωργοὺς οἱ Ἰταλοὶ (zur Zeit des Gottes Dionysos) κοιώνους ἐκάλουν. Eine andere Eigenthümlichkeit der Byzantiner ist die geschmacklose Allegorisirsucht, welche in fr. 18 den Circus auf das Weltgebäude, seine 12 Thüren auf die 12 'Häuser' des Zodiakus, das Pelma auf die Erde, die Wendestelle an den Thüren auf den Aufgang, die an der Sphendone auf den Untergang der Sonne, die 7 Spatien auf die Bahn der 7 Planeten bezieht; ebenso albern und alles geschichtlichen Sinnes baar zeigt sich die Deutung des Zieles der Argonautenfahrt auf die Absicht, die Pergamentgoldschrift in ihrer Heimat kennen zu lernen.

Das eratosthenische Datum der troischen Epoche in dem Homerartikel des Suidas gehört also dem Charax, nicht dem Hesychios an; was auch aus seiner Fassung hervorgeht. Die troischen Data des letzteren haben dreimal die Form μετὰ (τετρακόσια) ἔτη τῶν Τρωικῶν, einmal τῶν Τρωικῶν μετὰ ἔτη τ., einmal τῆς Τρωικῆς ἁλώσεως μετὰ ἔτη τ.; dagegen in dem Glossem heisst es μετὰ τὴν Τροίας ἅλωσιν ἐνιαυτοῖς ὕστερον υζ' und nur der Abwechslung wegen dann μετὰ ρξ' ἐνιαυτοὺς τῆς Ἰλίου ἁλώσεως. Dass aber Hesychios ein andres als das eratosthenische Datum der troischen Epoche im Auge hat, folgt schon aus den unüberwindlichen Schwierigkeiten, welche bei der herkömmlichen Voraussetzung entstehen: es ist noch Niemand gelungen, seine Jahrzahlen mit den anderweitigen Angaben oder Anzeichen über die Zeit der treffenden Personen ohne Textänderung in Einklang zu bringen. Nur jene Voraussetzung trägt aber die Schuld, dass man eine von Hesychios selbst gegebene Andeutung verkannt hat: er setzt Arktinos 410 Jahre nach Troia und in Olymp. 9 = 744/0 v. Ch.; sein troisches Datum fällt also 1154/50. Ebendahin führen aber, wie unten gezeigt wird, die Ergebnisse der Untersuchung bei den anderen Daten. Theognis, welcher mit Phokylides von Suidas 647 nach Troia gesetzt wird, hat, wie aus einer seiner Elegien hervorgeht, 507 oder 506 v. Ch. geschrieben. Simonides von Amorgos (und Archilochos), 490 nach Troia, blühte der besten Ueberlieferung zufolge 664 v. Ch. Die Sibylle, 483 n. Tr., durfte einem ihrer Orakel zufolge 672, 671 oder 670 v. Ch. gesetzt werden.

Diesen Paralleldaten zufolge fiel die troische Epoche des Hesychios auf 1154 oder 1153. Um das Vorhandensein einer solchen nachzuweisen, musste die Untersuchung auf alle im Alterthum gangbar gewesenen Data der Zerstörung Troias ausgedehnt werden; ihre Ergebnisse und deren Begründung sind vollständig mitgetheilt, nicht nur weil die chronologische Behandlung das erfordert, sondern weil auch die Textfrage bei Lykurg nur auf diesem Wege erledigt werden kann. Eines von jenen Daten fiel in der That auf das attisch gerechnete Jahr 1154/3: Hesychios setzte demnach Theognis und Phokylides 507, Simonides und Archilochos 664, die Sibylle 671, Arktinos 744 v. Chr.; für die corrupte Zahl des Lykurgos wird sich bei diesem troischen Datum eine gefällige und mit den besten Zeugnissen harmonirende Verbesserung finden lassen.

Theognis.

Suidas: *Φωκυλίδης Μιλήσιος φιλόσοφος, σύγχρονος Θεόγνιδος· ἦν δὲ ἑκάτερος μετὰ χμζ' τῶν Τρωικῶν, ὀλυμπιάδι γεγονότες νθ'*. Derselbe: *Θέογνις Μεγαρεὺς τῶν ἐν Σικελίᾳ Μεγάρων, γεγονὼς ἐν τῇ νθ' ὀλυμπιάδι*. Die 647 Jahre nach Troia würden nach Eratosthones das J. 537 v. Ch. ergeben; um Ol. 59 = 544/0 zu gewinnen, hat Rohde Rh. Mus. XXXIII 170 χμ', Gutschmid bei Flach χμγ' zu schreiben vorgeschlagen. Hesychios denkt aber, wie Rintelen de Theognide p. 13 erkannt hat, bei *γεγονότες* und demgemäss auch bei *γεγονώς* an die Geburt. sonst würde *γεγονότες* neben *ἦν* zwecklos dastehen; Suidas selbst mag immerhin das Particip in der anderen, häufigeren Bedeutung aufgefasst haben. Neben dem Datum 647 nach Troia = 507/6 v. Ch. für die Blüthezeit lässt sich Ol. 59 gar nicht anders als auf die Geburt beziehen: denn an eine Contamination verschiedener Quellen, hervorgegangen aus gedankenloser Uebertragung ihrer Data, ist deswegen nicht zu denken, weil wir bei Hesychios, dem Verfasser eines grossen geschichtlichen Werkes, dessen erste Abtheilung bis zur Einnahme Troias reichte, Sicherheit in chronologischen Dingen und ein festes Datum der troischen Epoche annehmen müssen. Wohl aber ist denkbar, dass er das *γέγονε* einer literarhistorischen Quelle, welche beide Dichter in die Zeit des Harpagoskrieges setzte, in jener Weise umgedeutet hat, um es mit dem andern Datum in Einklang zu bringen.

Ueber die Zeit des Phokylides geben seine Fragmente keinen Aufschluss: vielleicht hatte Theognis ihn oder er diesen als Zeitgenossen bezeichnet; davon dass Isokrates II 43 und Theophrast b. d. Schol. zu Ar. eth. Nikom. V 1 (bei Rose, Hermes V 356), wie Flach Gesch. d. gr. Lyrik p. 391 behauptet, beide als Zeitgenossen betrachten, ist im Texte jener Stellen nichts zu lesen. Die zeitliche Scheidung der zwei Dichter im Kanon des Eusebios fällt, wie aus Snidas hervorgeht, erst dem Kirchenvater oder seinen Abschreibern zur Last; sie erklärt sich daraus, dass die Anmerkungen eine ganze Reihe berühmter Männer, ausser jenen beiden noch Pherekydes, Simonides, Xenophanes u. a. mit dem Harpagoskrieg verbinden mussten. Er setzt Phokylides in Ol. 58 (so Kyrillos, der älteste Ausschreiber des Eusebios) oder 59, 1, Abrah. 1473 (die Hdschr. SMP des Hieronymus und der armenische Uebersetzer), den anderen Dichter in Ol. 59 (Kyrillos, = Abr. 1476 P und Armen.), indem er offenbar einem Literarhistoriker folgte, welcher beide dem ionischen Krieg des Harpagos gleichzeitig dachte und auf diesen Theogn. 775 στρατὸν ὑβριστήν Μήδων ἀπέρυκε und 764 τὸν Μήδων διδιότες πόλεμον bezog. Man konnte freilich, wie Hiller Jahrbb. 1881 p. 456 richtig bemerkt, diese Stellen auch auf einen späteren Perserkrieg beziehen und es ist daher wahrscheinlich, dass sich in dem vollständigen Werke des Theognis noch andere Stellen fanden, welche bestimmter auf den Harpagoskrieg zu führen schienen, z. B. kann der Dichter an das Schicksal solcher Städte erinnert haben, welche wie Phokaia, Teos von jenem Kriege hart betroffen wurden, während er von Miletos, Eretria und anderen in den Perserkriegen des V. Jahrhunderts eroberten schwieg. Eine zwingende Beziehung jedoch auf jenen Krieg, in dessen Zeit die meisten Neueren Theognis setzen, hat sicher keine Stelle desselben enthalten: vielmehr führen die thatsächlich vorhandenen Andeutungen in eine spätere Zeit.

Die in den angeführten Versen ausgesprochene Furcht vor einem Angriff der Perser auf Megara lässt sich aus den politischen Verhältnissen vor dem letzten Decennium des sechsten Jahrhunderts nicht begreifen. Als Kyros Sardes eroberte, baten die hellenischen Städte des kleinasiatischen Festlandes Sparta um Hülfe, dagegen in Samos, Chios, Lesbos, Tenedos herrschte keine Furcht vor den Persern (Her. I 151) und auch der Fall Joniens bewog sie nicht an Ergebung zu denken. Was

Herodot I 169 in dieser Beziehung von den Samiern und Chioten meldet. mag seine Geltung von den festländischen Besitzungen derselben haben; die Inseln selbst blieben selbständig, Her. III 90. 139. Thuk. I 13, unter Kyros und Kambyses beherrschten die Inselionier das Meer, Thuk. I 13, und erst 517 wurde, nachdem 526 vorübergehend Polykrates die Oberhoheit des Kambyses anerkannt hatte, Samos, 493 Chios, Lesbos, Tenedos, 492 Thasos unterworfen, während die Cykladen ihre Unabhängigkeit bis 490 behaupteten. So lange diese Inseln frei waren oder wenigstens so lange die Samier das Meer beherrschten, bis 517 sicher fiel es keiner Stadt von Althellas ein, einen Angriff der Perser auf ihre Freiheit zu besorgen. Selbst diesen ganz unwahrscheinlichen Fall aber angenommen lassen sich die Worte des Theognis auch dann nicht auf den Harpagoskrieg beziehen. Wären die Megarer wirklich so feige Seelen gewesen. wie wir dann annehmen müssten, so hatten sie ja ein ganz einfaches und leichtes Mittel in der Hand, ihre Existenz und persönliche Freiheit, ihre Habe und sogar die Autonomie zu retten: sie durften nur thun. was das stolze Miletos und viele andere der ihrigen mindesten gleichstehende Städte gethan hatten, nämlich Erde und Wasser geben, und alle Furcht war gehoben. Eben dieser Umstand lehrt aber, dass auch an keinen spätern Rache- oder Eroberungskrieg der Perser, an den von 498, 492, 490 oder 480 zu denken ist: Megara hatte sich, nachweislich wenigstens, in keiner Weise gegen die Perser vergangen, keinen Abfall von denselben begünstigt, keinen Herold vergewaltigt, keinerlei Feindseligkeit begangen; alle Städte, welche sich gutwillig ergaben, wurden nach den Gesetzen des Völkerrechts behandelt; wofür und wovor sollten sie denn die Angst hegen, welche die Verse des Dichters aussprechen. Diese Besorgnisse erklären sich einzig aus den besonderen Verhältnissen der Zeit, in welche das Gedicht durch eine andere Stelle gewiesen wird.

Diese für die Zeitbestimmung des Theognis massgebende Stelle lautet 891 ff. *οἴ μοι ἀναλκείης· ἀπὸ μὲν Κήρυνθος ὄλωλεν Ληλάντου δ' ἀγαθὸν κείρεται οἰνόπεδον, οἱ δ' ἀγαθοὶ φεύγουσι πόλιν δὲ κακοὶ διέπουσιν. ὡς δὴ Κυψελιδέων Ζεὺς ὀλέσειε γένος.* Sie bezieht sich, wie Hertzberg in Pruts liter. Taschenbuch 1845 p. 354 zuerst erkannt hat, auf den berühmten Freiheitskrieg der Athener im J. 507 oder 506, welcher den Chalkidiern das lelantische Gefilde kostete, Herod. V 77. Diodor X 24, 9. Aelian var.

hist. VI 1. Die von Vischer Götting. Gel. Anz. 1864 p. 1361 ff. erhobenen Einwände sind zum Theil schon von Duncker VI 576 widerlegt, hier ist nur nöthig von Kerinthos zu sprechen. Dass dieser im Norden der Insel auf der Ostküste gelegene Ort seit lange oder von jeher zu Histiaia, nicht zu Chalkis gehört habe, geht aus Strab. 445 keineswegs hervor: dort heisst es nur, dass Ellops der Gründer von Ellopia auch Histiaia, Perias, Kerinthos, Aidepsos und Orobiai erworben habe; dagegen wird von Skymnos 576 (d. i. von Ephoros) vorausgesetzt, dass Kerinthos der grösste Ort des chalkidischen Gebiets war. Führer der ionischen Gründer von Chalkis war nach Strab. 445 (vgl. Plutarch quaest. graec. 22) Kothos; wenn Skymnos von ihm Kerinthos gründen lässt, so erklärt sich dies daraus, dass er die Gründung der Stadt Chalkis selbst in eine frühere Zeit versetzt, indem er sie einem Sohne des Erechtheus beilegt: als Schöpfung jenes Oikisten nennt er daher den bedeutendsten Ort ihres Gebiets. Dunkel bleibt nur, aber auch bei jeder andern Auslegung, die Erwähnung der Kypseliden und jedenfalls hat man keinen Grund. mit K. F. Hermann Rh. Mus. 1832 p. 94 unsere Stelle auf den zwischen Eretria und Chalkis um das lelantische Gefilde geführten Krieg zu beziehen und sie desswegen dem Theognis abzusprechen. Dass Periandros oder ein anderer Kypselide an demselben theilgenommen, ist weder bezeugt noch wahrscheinlich: die Betheiligung anderer Staaten war nach Thukydides I 15 nur verhältnissmässig eine starke, und aus Herodot V 99 ist zu schliessen, dass ausser den beiderseitigen Colonien und einzelnen Freiwilligen wie dem von Plut. amatorius 17 genannten Thessaler nur Miletos den Eretriern, Samos den Chalkidiern zu Hülfe gekommen war. Aus der Theilnahme der thrakischen Colonien hat Hermann den triftigen Schluss gezogen, dass jener Krieg frühestens in den letzten Decennien des VIII. Jahrhunderts gespielt hat; der bei seinem Anfang abgeschlossene Vertrag, sich ferntragender Waffen zu enthalten (Strab. 448), fällt geraume Zeit vor Archilochos, welcher diese Enthaltung bereits als Sitte der Euboier ansieht und jene Ursache ihrer Entstehung gar nicht kennt, fragm. 3 bei Plutarch Theseus 5. Der Krieg hat demnach um 700 v. Ch. stattgefunden. Nachkommen des Kypselos in weiblicher Linie gab es auch in Athen: der Philaide Miltiades, Sohn des Kypselos, ist wohl ein Enkel oder Urenkel des Tyrannen gewesen, vgl. Herodot VI 35 mit VI 128. An seinen Stiefneffen

Miltiades, den Marathonsieger, erinnert Gutschmid bei Flach, Lyrik S. 410; freilich liess sich dieser erst beim Misslingen des ionischen Aufstandes in Athen nieder. Man könnte etwa an Isagoras, den Urheber des von Theognis gemeinten Krieges denken: der Name seines Vaters Tisandros kehrt im Philaidenhause wieder (Herod. VI 128); gehörte er durch seine Mutter zu diesen, so würde sich auch seine hervorragende Stellung in Athen während der Abwesenheit des Miltiades passend erklären.

Die Hertzbergsche Deutung hat ausser Duncker und Gutschmid nur wenig Anhänger gefunden, offenbar deswegen, weil die auf einen drohenden Perserkrieg hinweisenden Stellen nicht zu ihr zu passen schienen. Und doch fehlte gerade damals nicht viel, so wären die Perser den Megarern feindlich ins Land gekommen. Als der König Kleomenes Ol. 73, 1. 508/7 mit Schimpf und Schande aus der Akropolis Athens, welche ihm Isagoras in die Hand gespielt hatte, abziehen musste, da wussten die Athener, schreibt Herodot. V 73, dass ihnen ein schwerer Krieg mit Sparta bevorstand; sie mussten sich auf den Heranzug des peloponnesischen Bundesheeres gefasst machen, ja die Spartaner knüpften auch mit Boiotien und Chalkis Unterhandlungen an, welche zu einem gleichzeitigen Angriff auf Attika von drei Seiten her führen sollten. Aus solcher Noth glaubten die Athener nicht anders Rettung zu finden als durch Eingehung eines Bundes mit den Persern. Eine Gesandtschaft gieng nach Sardes zu dem Bruder des Grosskönigs, sie erhielt das Versprechen der Hülfe, aber nur unter der Bedingung, dass sie Erde und Wasser reichten. Schweren Herzens sagten nach gepflogener Berathung die Botschafter zu. Heimgekehrt ernteten sie schwere Vorwürfe, Her. V 73 αἰτίας μεγάλας εἶχον; dies mag geschehen sein, nachdem die Athener gerettet waren, ohne die persische Hülfe zu bedürfen; möglich auch, dass bei der Heimkehr der Gesandten Athen schon geborgen war. Im andern Fall haben die Athener gewiss nicht verfehlt, nach aussen sich des mächtigen Bundesgenossen zu rühmen und vielleicht war auch die Absendung der Botschaft mit Ostentation betrieben worden. Die Feinde Athens mussten jetzt fürchten, dass die asiatischen Barbarenhorden, dass die Meder, deren blosser Name damals schon hinreichend war, Hellenenherzen zittern zu machen (Herod. VI 112), mit den Athenern in das Bundesgebiet einfallen und Greuel aller Art verüben würden: welche Stadt des peloponnesischen Bundes würde dann eher den Anprall solcher Feinde zu fühlen bekommen als Megara, das an Athen unmittelbar angrenzte und nicht wie die andern den korinthischen Isthmus zur Deckung nehmen konnte. Die Gefahr war uni so grösser, als selbst innerhalb des Bundes Athen gegenüber keine Einhelligkeit der Absichten bestand, wie denn eben durch das Widerstreben der Korinther der Feldzug des Kleomenes ins Stocken gerieth. Auf diese doch wohl schon vorher sich verrathende Gesinnung und auf die zwischen den zwei Spartanerkönigen bestehende Uneinigkeit einerseits, auf das unbillige und zugleich unpolitische Vorgehen des Kleomenes andrerseits lässt sich Theogn. 780 beziehen: ἡ γὰρ ἔγωγε δέδοικ' ἀφραδίην ἐπιφρῶν καὶ στάσιν Ἑλλήνων λαοφθόρον.

Die Zeit des Einzugs der Spartaner in die Akropolis Athens und ihrer Capitulation steht dadurch fest, dass Isagoras das Amt des ersten Archonten, welches ihm Gelegenheit gab, die Burg zu verrathen, Ol. 73, 1. 508, 7 bekleidet hat, Dionys. Hal. ant. V, 1. Dem nächsten Jahre vermuthlich gehören die von Theognis berührten Verhältnisse und Vorgänge an: dieses aber liegt genau 647 Jahre, wie Suidas angibt, nach der troischen Epoche 1154 3. Hiezu stimmt auch, was sich über die Zeit einer andern Schrift des Theognis mit Wahrscheinlichkeit annehmen lässt, Suid. ἔγραψεν ἐλεγείαν εἰς τοὺς σωθέντας τῶν Συρακοσίων ἐν τῇ πολιορκίᾳ. Aus jenen Zeiten ist nur éine Belagerung von Syrakus bekannt, veranstaltet durch Hippokrates, welcher 498—491 über Gela herrschte und sich viele Sikeliotenstädte unterwarf, Herod. VII 154. Sie mag 495 oder 494 stattgehabt haben: der spätere Tyrann Gelon, welcher sich bei ihr und anderen ähnlichen Gelegenheiten als Leibwächter des Hippokrates ausgezeichnet hatte, erfuhr die Beförderung zum Hipparchen, welche er diesen Leistungen verdankte, nicht lange nach der Thronbesteigung desselben, Her. VII 154 μετὰ οὐ πολλὸν χρόνον.

Simonides I und Archilochos.

Suid. Σιμωνίδης Κρίνεω Ἀμοργῖνος) γέγονε δὲ μετὰ νθ´ ἔτη τῶν Τρωικῶν. Aus den vorberg. Worten ἐν τῷ ἀποικισμῷ τῆς Ἀμοργοῦ ἐστάλη καὶ αὐτὸς ἡγεμὼν ὑπὸ Σαμίων zieht Gutschmid bei Flach Hesych. p. LXXI den triftigen Schluss, dass in der Quelle auch von Archilochos (über welchen

Suidas keinen Artikel bietet) und seiner angeblichen Gründung auf Thasos die Rede gewesen war; ohne Zweifel war wie Theognis mit Phokylides, so Archilochos mit dem älteren Simonides in gleiches Jahr gesetzt, was bei Eusebios wirklich der Fall ist, und Clemens strom. I 333 andeutet: Σιμωνίδης κατ' Ἀρχίλοχον φέρεται; eben deswegen wollte Volkmann σύγχρονος Ἀρχιλόχου nach αὐτῷ einsetzen. Die troische Epoche des Eratosthenes bei Suidas voraussetzend vermuthet Rohde Rh. Mus. XXXVI 559 υψ: oder υψί, woraus die 500 Jahre anderer abgerundet seien, Tatian 35 ἕτεροι σὺν Ἀρχιλόχῳ γεγονέναι τὸν Ὅμηρον, ὁ δὲ Ἀρχίλοχος ἤκμασε περὶ ὀλυμπιάδα τρίτην καὶ εἰκοστὴν κατὰ Γύγην τὸν Λυδὸν τῶν Ἰλιακῶν ὕστερον πεντακοσίοις; Eusebios can. Abr. 914; Synkellos p. 339: denn von 1183 habe Niemand mit 500 Jahren auf Ol. 23 = 688/4 v. Ch. gelangen können. Doch war dies in der That möglich bei inclusiver Zählung, oder wenn man, was auf dasselbe hinausläuft, mit Hieronymus (quingentesimum annum) das letzte Jahr unvollendet nahm, auch schreibt Synkellos vorsichtiger Weise μετὰ ἔτη φ' που: das 500. Jahr seit 1184/3 ist Ol. 23, 4. 685/4, vgl. den Schluss dieses Abschnitts. Es sind also eigentlich 499 Jahre gemeint und mit diesen lassen sich die 490 sehr wohl in Einklang bringen. Die erwähnten Bibelgelehrten haben den Anfangsterminus missverstanden: Theopompos, welcher unter den ἕτεροι zu verstehen ist, gewann die runde Zahl 500 dadurch, dass er statt der Eroberung Troias den 9 volle Jahre früheren Anfang der Belagerung zum Ausgangspunkt nahm, Clemens strom. I 389 Θεόπομπος ἐν τῇ τεσσαρακοστῇ τρίτῃ τῶν Φιλιππικῶν μετὰ ἔτη πεντακόσια τῶν ἐπὶ Ἴλιον (vulg. Ἰλίῳ) στρατευσάντων γεγονέναι τὸν Ὅμηρον ἱστορεῖ. Theopompos gebrauchte also die nämliche Aera und folgte in Betreff des Archilochos der nämlichen Quelle wie Hesychios; doch ist die Aera nicht die eratosthenische gewesen: die alten Bibelforscher haben hier und anderwärts[1]) bei Erwähnung der troischen Epoche vorschnell das ihnen geläufige Datum 1184/3 vorausgesetzt und hiernach theilweise auch die ihnen vorliegenden Angaben umgeändert.

Bei der Epoche 1154/3 bringen die 490 Jahre die Blüthe des Simonides und Archilochos in Ol. 29, 1. 664/3 = Abrah. 1353 des

---

1) Vgl. über Arktinos und ro Epoche 1096.

Eusebios: in dieses Jahr setzt Hieronymus (MPR) die eusebische Notiz, deren griech. Text bei Synkellos Ἀρχίλοχος καὶ Σιμωνίδης καὶ Ἀριστόξενος οἱ μουσικοὶ ἐγνωρίζοντο lautet; die Varianten 1351 AF Armen. und 1352 B widerlegt der älteste Ausschreiber Kyrillos, da er Ol. 29 angibt. Dasselbe Datum hatte vermuthlich auch Nepos im Sinn. Gellius XVII 21 Archilochum Nepos Cornelius tradit Tullo Hostilio regnante fuisse poematis clarum: Tullus regiert nach ihm 669—637, s. Rh. Mus. XXXV 20. Es ist wohl zunächst aus Eratosthenes oder Apollodoros, den Nepos auszuschreiben pflegt, geflossen; seine erste Quelle aber ist jedenfalls Aristoxenos, der Schüler des Aristoteles, eine literarhistorische Autorität ersten Rangs: denn die letzten Worte der Notiz sind offenbar mit Gutschmid bei Flach in κατ' Ἀριστόξενον τὸν μουσικὸν zu verbessern, woran schon Karl Müller gedacht hatte: Iambographen werden nicht als Musiker bezeichnet, ebenso wenig Komiker wie Aristoxenos aus Selinus, auf welchen man die Notiz hat beziehen wollen; auch ist Selinus erst 626 (nach Diodor 650) gegründet worden, und der Komiker wahrscheinlich mit Flach Gesch. d. Lyrik 253 fg. in das VI. Jahrhundert zu setzen. Gyges, ein Zeitgenosse des Archilochos nach fragm. 25 bei Aristot. rhet. III 17 und Plutarch de tranquill. 10 οὔ μοι τὰ Γύγεω τοῦ πολυχρύσου μέλει, regierte nach Herodot 716 — 678, nach Julius Africanus in den Excerpta Barbari 697—661, nach Eusebios im Kanon, welcher wahrscheinlich dem Eratosthenes folgt (Kyaxares und Astyages p. 13), 699—663; dass Euphorion bei Clemens strom. I 389 seinen Anfang 708 setzt, erklärt sich daraus, dass Archilochos irrig zum Gründer von Thasos gemacht wurde, s. Gelzer Rh. Mus. XXX 251. Alle diese Ansätze erscheinen zu hoch: laut der Keilinschrift bei Gelzer a. a. O. 231 empörte sich Gugu, König des Landes Ludi im Bund mit Pisamilki, König von Muzur (Aegypten) gegen die Oberherrschaft Assurbanipals von Ninive; dieser regierte 668—626, Psammetich aber wurde im Jahr 664, welches in den niedrigsten der obigen Ansätze schon in das Ende des Gyges fällt, erst Herrscher eines kleinen Theils von Aegypten, und mit Recht vermuthet Gelzer einen Zusammenhang jener 'Empörung' mit dem mehrjährigen Aufstand, welcher um 650 im assyrischen Reiche stattfand. Die Sonnenfinsterniss endlich, welche Archilochos fr. 14 bei Stob. flor. 110, 10 Ζεὺς πατὴρ Ὀλυμπίων ἐκ μεσημβρίης ἔθηκε νύκτ' ἀποκρύψας φάος ἡλίου λάμποντος erwähnt, kann nach Oppolzer Akad.

Sitzungsb. Wien 1882. Bd. 86, 1 ff. keine andere als die vom 6. April 648, nach seiner Berechnung um 9 Uhr Morgens, gewesen sein. Die Blüthezeit des Archilochos fällt hienach um 645, womit das Datum des Aristoxenos 664 keineswegs in Widerspruch steht. Aus der Gleichzeitigkeit mit Gyges liess sich ein bestimmtes Jahrdatum für die Blüthe des Archilochos nicht gewinnen; nur als Nothbehelf, wenn kein anderes Anzeichen vorlag, würde, wie das in andern Fällen geschehen ist, die Versetzung des Dichters in das erste Jahr des Königs gedient haben; für dieses ist aber 664 doch wohl zu spät. Dagegen besass man bei Simonides ein sicheres Datum seiner Thätigkeit: das der Samierwanderung nach Amorgos, welches ohne Zweifel in den Jahrbüchern (ὧραι) der Samier verzeichnet war und den aus ihnen gezogenen Werken eines Eugaion u. a. entnommen werden konnte. Mit Bergk sehen wir daher das Blüthenjahr beider Dichter für das Datum jener Gründung an. Nur scheinbar verschieden ist das Datum beider bei Proklos in Photios cod. 239 ἰάμβων ποιηταὶ Ἀρχίλοχος καὶ Σιμωνίδης· καὶ Ἱππῶναξ, ὧν ὁ μὲν πρῶτος ἐπὶ Γύγου ὁ δὲ ἐπ' Ἀνανίου τοῦ Μακεδόνος· Ἱππῶναξ δὲ κατὰ Δαρεῖον ἤκμαζε. Unter den makedonischen Königsnamen des VIII. und VII. Jahrhunderts: Karanos, Koinos, Tyrimmas, Perdikkas, Argaios, Philippos, Aeropos kommt dem corrupten Ἀνανίου der fünfte am nächsten, und ist daher mit Clinton ἐπ' Ἀργαίου zu schreiben. Die von Manchen befremdlich gefundene Nennung eines makedonischen Königs, mit welchem Simonides aller Wahrscheinlichkeit nach persönlich nichts zu schaffen gehabt hat, lässt sich blos daraus erklären, dass in der von Proklos befolgten Zeittafel das Blüthenjahr des Archilochos mit dem Regierungsanfang desselben zusammenfiel. Letzteren setzt Julius Africanus und der falscho Eusebios bei Schoene I app. 90 in Ol. 23, 4. 685 (Eusebios ein Jahr später); dies ist aber nach eratosthenischer Aera das 500. Jahr nach Troia, in welches die Späteren Archilochos und ohne Zweifel auch Simonides gesetzt haben.

Sibylla.

Suid. Σίβυλλα Ἀπόλλωνος καὶ Λαμίας — ὡς δὲ Ἕρμιππος, Θεοδώρου Ἐρυθραία — ἄλλοι Σαμίαν ἰδόξασαν. γίγονε δὲ τοῖς χρόνοις τῆς Τρωικῆς ἁλώσεως μετὰ ἔτη υπγ' καὶ συνετάξατο βιβλία ταῦτα· περὶ παλαιῶν, μέλη,

χρησμούς. Derselbe: *Ηρωφίλα ή και Σίβυλλα Ερυθραία, Θεοδώρου θυγάτηρ.*
Wie die 483 Jahre mit der troischen Epoche 1183 in Einklang gebracht werden können, hat Niemand gezeigt; die Epoche 1153 führt auf Ol. 27, 2. 671,0. Dieses Datum hat wohl auch Eusebios vorgefunden, obgleich die Varianten seiner Ueberlieferung auf einige Jahre später führen: AF Abr. 1349 (= Ol. 28, 1. 668.1), B 1350, MPR 1351, Armen. 1353. Aus Julius Africanus gibt Loon bei Cramer Anecd. Par. II 264 unter König Josias 672—641: κατὰ τούτους τοὺς χρόνους Σίβυλλα ἐν Σάμῳ ἐγνωρίζετο καὶ τὸ Βυζάντιον ἐκτίσθη, also zwischen 672 und dem Gründungsjahr von Byzantion 661. Die Erklärung des Datums suchen wir bei Solinus 2, 18: hanc Herophile Erythraea insecuta est Sibyllaque appellata est de scientiae parilitate, quae intor alia magnifica Lesbios amissuros imperium maris multo ante praemonnit quam id accideret. Nur das Ende, nicht den Anfang der lesbischen Seeherrschaft hatte sie vorausgesagt, lebte also zur Zeit derselben und zwar, weil sie das Ende sehr früh verkündet hatte, am Anfang; da durfte die Sitte, einen Schriftsteller nach dem ersten Jahr einer zeitgenössischen Herrschaft zu datiren, wohl angebracht erscheinen. Die lesbische Thalassokratie dauerte nach dem armen. Eusebios 96 Jahre; die 69 des Hieronymus sind, wie das Datum der nächsten lehrt, verschrieben. Ihren Anfang setzen die Varianten um Abr. 1346 = Ol. 27, 2. 671, nämlich F 1344, B Armen. 1345, A 1346, MPR 1347; ein Vergleich mit den Daten und der Dauer der vorhergehenden und nachfolgenden Thalassokratien lehrt, dass 1345, 1346 oder 1347 das Ursprüngliche gewesen ist.

Arktinos.

Suid. *Αρκτίνος Τήλεω τοῦ Ναίτεω ἀπόγονος, Μιλήσιος, ἐποποιός, μαθητής Ὁμήρου ὥς λέγει ὁ Κλαζομένιος Ἀρτέμων ἐν τῷ περὶ Ὁμήρου, γεγονὼς κατὰ τὴν θ' ὀλυμπιάδα μετὰ τετρακόσια ἔτη τῶν Τρωικῶν.* Statt *τετρακόσια* schreibt E ιν; V, die eine der zwei besten Hdschr., ιθ und über der Zeile λ. Um die Olympiadenzahl mit der troischen Epoche 1183 in Uebereinstimmung zu bringen, schreiben Rohde und Bergk *υμ' ἔτη*; Sengebusch hatte α' *ὀλυμπιάδα* und *υζ' ἔτη* verlangt. Denselben Zweck verfolgte wohl schon der Schreiber des V, wenn er, wie vermuthet worden darf, die 30 zu 410 addirt wissen wollte; um so gewisser ist es dann, dass er in seiner Vorlage ιυ' gefunden hat. Die Wahrscheinlichkeit spricht hier wie überall, wo Versehensfehler vorliegen, dafür, dass die einfache Ziffer aus der zusammengesetzten, υ' aus υι' hervorgegangen ist; bestätigt wird es dadurch, dass die eusebische Notiz Ἀρκτίνος Μιλήσιος ἐποιωύς in den besten Hdschr. (AMP nebst R) der besseren, d. i. der lateinischen Uebersetzung bei Abr. 1242 = Ol. 1, 2. 775/4 steht[1]): offenbar hat Eusebios oder sein Vorgänger dies Datum gewählt, weil es dem 410. Jahr nach der troischen Epoche des Eratosthenes entspricht; vgl. p. 525. Hesychios meint 410 Jahre nach 1154 3, also Ol. 9, 1. 744 3. In oder um diese Zeit setzt Eusebios den von Suidas nicht behandelten Eumelos: Eumelus Corinthius versificator agnoscitur, Armen. 1272, MR 1273 (= OL 9, 1. 744), APBF 1275; die 9. Olympiade steht aus Kyrillos fest. Eumelos wurde aber mit Arktinos in gleiche Zeit gesetzt, Euseb. zu 1257 (Var. 1254 1255) Eumelus poeta qui Bugoniam et Europiam, et Arctinus qui Aethiopida composuit et Iliu persin, agnoscitur. Eumelos war der Dichter des Processionsliedes, welches der Messenierkönig Phintas zu Ehren des Gottes von Delos singen liess, Pausan. IV 4. 33. V 19; unter dem Sohn und Nachfolger desselben, Androkles brach 743 der messenische Krieg aus. Auf die Abfassungszeit jenes προσόδιον ᾆσμα könnte sich das frühere eusebische Datum des Eumelos beziehen, 763/760 v. Ch. Das andere bezeichnet wohl sein spätestes nachweisbares Auftreten; er erlebte noch die Thaten des Archias, Clemens strom. I 338 Εὔμηλος ὁ Κορίνθιος (λέγεται) ἐπιβεβληκέναι Ἀρχίᾳ τῷ Συρακούσας κτίσαντι. Damit ist nicht nothwendig gesagt, dass er noch während der Gründung von Syrakus (Ol. 11, 4. 732) oder bei ihr thätig gewesen ist: der angebliche Sturz der Bakchiaden, welchen der Frevel des Archias an Aktaion herbeiführte, bestand in der Aufhebung des Bakchiadenkönigthums (Philologus XXVIII 414 ff.), diese aber fällt nach Ephoros (s. Epoche 1136) 90 Jahre vor Kypselos, also Ol. 8, 2. 746. Bei diesen Wirren könnte Eumelos eine, vielleicht vermittelnde Rolle gespielt haben; ihre schliessliche Lösung fanden sie in der Auswanderung des Archias und Chersikrates.

Ueber die Zeit des Arktinos besitzen wir ausserdem nur ein Zeugniss, aber das eines Schülers des Aristoteles, Clem. strom. I 338 Φαντίας πρὸ Τερπάνδρου τιθεὶς Λέσχην τὸν Λέσβιον Ἀρχιλόχου νεώτερον φέρει τὸν

---
1) BF Armen. 1241; Kyrillos Olymp. 1.

Τέρπανδρον, διημιλλῆσθαι δὲ τὸν Λέσχην Ἀρκτίνῳ καὶ νενικηκέναι. Terpandros siegte in dem ersten musischen Agon der lakonischen Karneien Ol. 26. 676/3; nach der parischen Chronik wäre er sogar noch 644 thätig gewesen; Phaneias müsste demnach zu denen gehört haben, welche die Epoche des Gyges und mit ihm des Archilochos in die letzten Decennien des VIII. Jahrhunderts versetzt haben. Doch fragt es sich, ob der Text des Clemens in Ordnung ist. Wirkte Lesches πρὸ Τερπάνδρου, so war dieser nicht bloss Ἀρχιλόχου, sondern auch Λέσχου νεώτερος, und umgekehrt: war Terpandros Ἀρχιλόχου νεώτερος, so durfte Phaneias nicht bloss den Lesches, sondern musste auch Archilochos πρὸ Τερπάνδρου setzen: warum drückt Clemens oder Phaneias zwei identische Begriffe in so abweichender Form aus, anstatt sie zu coordiniren? Das formale Verhältniss der Prädicate zu einander passt nur, wenn ihre Bedeutung verschieden ist; wir vermuthen daher Ἀρχιλόχου νεώτερον φέρει τοῦ Τερπάνδρου. Dann erhalten wir die Aufeinanderfolge, welche den besten Zeugnissen entspricht: Lesches und Arktinos (744) vor Terpandros (676), dieser vor Archilochos (664 oder später).

Lykurgos.

Suidas: Λυκοῦργος Σπαρτιάτης, νομοθέτης, ὃς γέγονε τῶν Τρωικῶν μετὰ ἔτη ν΄, ἦν δὲ θεῖος πρὸς πατρὸς Χαριλάου τοῦ βασιλεύσαντος Σπάρτης, Εὐνόμου ἀδελφός, καὶ ἐκράτησε τῶν Σπαρτιατῶν ἔτη μβ΄, ὅτε καὶ τοὺς νόμους ἔθετο, ἐπιτροπεύων τὸν ἀδελφιδοῦν. καὶ αὐτὸς[1]) δὲ ἐβασίλευσεν ἔτη ιη΄, μεθ᾽ ὃν Νίκανδρος ἔτη λη΄. ἔγραψε νόμους. Statt des troischen Datums ν΄ gibt cod. V vermöge einer häufig vorkommenden Verwechslung η΄, der aus gleicher Quelle schöpfende Scholiast Platons (VI 359 Herm.) schreibt Λυκοῦργος γέγονε τῶν Τρωικῶν μετὰ ἔτη νθ΄. Die eratosthenische Epoche voraussetzend vermuthet K. F. Hermann νθ΄, weil von 1184/3 aus bei inclusiver Zählung Ol. 1, 1. 7 - 6/5 das 409. Jahr ist; jedoch hat Niemand die Olympienstiftung, an welcher Lykurgos betheiligt war, zur Bestimmung seines Blüthenjahrs benützt, und gerade der Buchstabe ν, welchen Hermann ändert, wird durch die Uebereinstimmung beider Lesarten geschützt. Eine andere, zur eratosthenischen Epoche besser passende Conjectur ist von Niemand aufgestellt worden, auch schwerlich eine solche

---

1) D. i. οὗτος, wie Suid. Ἐρατοσθένης, Stob. serm. 84, 9 u. a.

ohne Gewaltsamkeit zu erzielen. Die Ziffer des Jahrhunderts ist ausgefallen. Mit 259 359 459 würden wir, die Epoche 1183 vorausgesetzt, die Jahre 925 825 725 erhalten, von 1153 aus die Jahre 895 795 695. Offenbar ist nur $\tau\nu\vartheta'$ zulässig: die höchsten Datirungen des Lykurgos reichen nicht bis 895 hinauf und die niedrigsten nicht herab bis 725. Das Datum 825 fällt zwar in die Zeit, welche manche ihm angewiesen haben, entspricht aber keinem Epochenjahr desselben; dagegen zu 795 stimmt die Notiz des lateinischen Eusebios Abr. 1221 = 796 5 v. Chr.: Lycurgi leges in Lacedaemonem juxta sententiam Apollodori hac aetate susceptae. Dass die Variante 1223 (BFR Armen.) falsch ist, beweist der Text des Armeniers: Lycurgi leges Lacedmone apud Apollodorum XVIII anno Alceminis und die auf $\iota\eta'$ zurückgehende Corruptel bei Synkellos Ἀπολλόδωρος Λυκούργου νόμιμα ἐν τῷ ιζ' Ἀλκαμένους: denn das 18. Jahr des Alkamenes trifft im Kanon eben auf Abr. 1221. Um die 1 Jahr betragende Abweichung des Hesychios (795/4) zu erklären, würde es an sich genügen, das 18. Jahr vollendet zu nehmen; doch findet sich dieselbe Abweichung bei dem Ende der 42 Jahre des Lykurgos und ist die Ursache beider in Vertauschung der lakonischen Jahrepoche mit der attischen zu suchen.

Dass Apollodoros die Gesetzgebung Lykurgs 90 Jahre nach seinem ersten Auftreten gesetzt haben soll, hat viel Anstoss erregt, aber ändern lässt sich an dem Zeugniss nichts; es fragt sich nur, wie das Datum zu erklären ist. Dieses muss sehr gut verbürgt gewesen sein, wenn es Aufnahme in ein System finden konnte, mit welchem es sich ohne eine künstliche Hypothese nicht vereinbaren lässt: vielleicht half man sich mit der Annahme, die endgültige Anerkennung der Gesetze sei erst nach oder (wofür sich einiges vorbringen liess) bei dem Tode ihres Schöpfers erfolgt. In Wahrheit entspricht dasselbe lediglich der älteren, bis in den Anfang der Diadochenzeit alleinherrschenden Chronologie des Lykurgos, welche zu Gunsten neuer über die Epoche seines Zeitgenossen, wofür Homeros galt, aufgekommenen Ansichten zuerst von Ephoros, dann von Sosibios und später, nachdem inzwischen Timaios mit der Unterscheidung eines älteren und jüngeren Lykurgos, Kallimachos aber mit der einer ersten und zweiten Olympienstiftung (828 und 776) Vermittlungswege eingeschlagen hatten, unter Modification der Hypothesen des Ephoros und

Kallimachos von Eratosthenes um fast ein Jahrhundert erhöht worden ist. Ob bei dem Leobotes, dessen Vormund Lykurgos von Herodot genannt wird, an den vierten König der älteren Linie zu denken ist, steht dahin[1]); sicher ist nur, dass die Einsetzung der Ephoren, welche Herodot dem Gesetzgeber zuschreibt, der Mitte des VIII. Jahrhunderts angehört; Thukydides I 18 stellt die Einführung der neuen Ordnung kurz vor 804, d. i. von den zwei Ansichten, welche über ihre Zeit bestanden, theilt er die, welche sie in den Anfang der Vormundschaft verlegten, während das Datum 795 an die Heimkehr Lykurgs von der grossen Reise anknüpft. Zu denen, sagt Plut. Lyk. 1, welche Lykurgos als Genossen des Iphitos in der Gründung der olympischen Spiele bezeichneten, gehört der Philosoph Aristoteles, welcher zum Beweis den seinen Namen aufzeigenden Diskos zu Olympia anführt[2]). Diese Scheibe wurde noch zu Pausanias (V 20, 1) Zeit dort vorgezeigt und alle auf uns gekommenen Schriftsteller, welche den Iphitos erwähnen, erklären ihn für den Schöpfer der Ekecheirie und der Spiele des Jahres 776; desgleichen meldet der vielbelesene Athenaios p. 635, dass Lykurg und Iphitos nach allgemeiner Angabe die erste gezählte Olympienfeier abgehalten hätten.

Der Diskos allein war es nicht, was den Philosophen in seiner Ansicht bestärkte; seinem Geist schwebte, wie die Andeutungen in der Politik II 6, 8 u. a. lehren, ein Gesammtbild der Geschichte vor, die sich in der Peloponnesos um die erste Hälfte des achten Jahrhunderts abgespielt hatte; von dem chronologischen Rahmen derselben hat, allerdings unverstanden und entstellt, Hesychios ein Stück erhalten. 18 Jahre regierte Charilaos, 42 Lykurgos. Dies sind, wie Rhode Rh. Mus. XXXVI 540 bemerkt, zusammen die 60 Jahre, welche in Diodors Liste Charilaos allein hat; der Scholiast Platons gibt die 18 Jahre dem Lykurg als

---

[1]) Auch von den Königen der jüngeren Linie Anaxandrides, Archidamos, Anaxilaos, Leotychides, Hippokratides, Agis bei Herodot VIII 131 wissen die anderen Verzeichnisse nichts.

[2]) Dass das später zu Olympia aufgestellte Bildwerk nur den Iphitos von der Ekecheiria bekränzt zeigte (Pausan. V 10, 10), beweist nichts gegen die Theilnahme des Lykurgos; als Gesetzgeber war er laut der grossen Rhetra (Plut. Lyk. 6) wie Solon, die Decemvirn u. a. zugleich Regent des Staates und Träger seiner Hoheit; dass erst 716 ein Stadionike aus Sparta genannt wird, beweist nicht, dass vorher kein Spartaner an den Spielen theilgenommen hat, und es erklärt sich zum Theil daraus, dass die 776 behauptete Hegemonie ihnen bald nachher von Pheidon entrissen wurde, während des messenischen Krieges aber sie mit anderen Dingen beschäftigt waren. vgl. Philol. XXIX 245 ff.

Vormund, was Rohde vorzieht und zu einer gewaltsamen Transposition im Texte des Suidas benützt; der Scholiast vergass aber, dass die Jahre der Vormundschaft nicht dem Vormund, sondern dem Mündel zählen. Gutschmid bei Flach Hesych. p. LXX rechnet die 42 Jahre auf die Vormundschaft und Gesetzgebung Lykurgs und lässt sie wegen Thukyd. I 18 und Eusebios Abr. 1197 im J. 819 beginnen; Thukydides hat aber ein späteres Jahr im Sinn, wenn er die Gesetzgebung wenig über 400 Jahre vor dem Ende des peloponnesischen Krieges setzt: 419 würde dem Anfang desselben näher gewesen sein als dem Ende, und Eusebios hat nur den von einem Vorgänger ausgesprochenen Synchronismus Lykurgs mit dem Ende des assyrischen Reichs, welches Velleius I 6 in das J. 843 setzt, auf sein Datum dieses Ereignisses übertragen. Nicht besser begründet ist, was Gutschmid hinzufügt: z. B. dass Ephoros Lykurgs Gesetzgebung in das J. 870 verlegt habe, s. unten zu Epoche 1136. Von den 18 Jahren des Charilaos kommen im Sinn der älteren Ueberlieferung nur die ersten auf die Vormundschaft des Lykurgos: als Lykurgos von der grossen Reise zurückkehrte, fand er den Charilaos als Tyrannen vor, Aristot. pol. V 10, 3; dieser war also der Unmündigkeit bereits entwachsen. Lykurg stürzte denselben vom Thron, schreibt der Compilator des Aristoteles, Herakleides pol. 24 τυραννικῶς ἄρχοντα μετέστησε; dann wurde ihm, fügen wir ergänzend hinzu, mit Genehmigung des delphischen Gottes die Regierung auf unbestimmte Zeit als νομοθέτης übertragen. Erst die Späteren haben ersonnen, dass Charilaos beim Tode seines Vaters noch nicht geboren war: so konnte das Königsregiment, welches Lykurg ausgeübt hatte, wenigstens auf 8 Monate (Plut. Lyk. 3) ihm zukommen, ohne dass er, das Ideal eines gerechten Mannes, Jemandes Rechte verletzte, und da auch 18 Jahre später Charilaos zwar Vater (Plut. Lyk. 3 extr.) aber noch nicht mündig war, der zurückkehrende Oheim wieder als Vormund die Regierung ohne den bei Aristoteles vorauszusetzenden Bürgerkrieg übernehmen.

Das Datum 795 (lakonischen Stils, anfangend mit Oktober 796) entspricht ohne Zweifel dem ersten der 42 Regierungsjahre Lykurgs: die Gesetzgebung wurde verschieden bestimmt. Der Anfang des Charilaos und damit der Vormundschaft Lykurgs fällt dann 813; dies ist also wohl das von Thukydides gemeinte Jahr. Die 42 Jahre seiner Wahlregentschaft endigen 753, genauer in dem mit Oktober 754 beginnenden Olympiadenjahr 6, 4 lak. Stils: wer diese Olympiadenzählung annahm, ohne die 9 Monate betragende Verschiedenheit der vulgären, nach attischem Kalender berechneten Olympiadenjahre zu beachten, dem gestaltete sich für die Gesammtrechnung das Datum in 753 2 um; wer auf jenen Unterschied achtete, aber gewohnt war, die attische Jahrform zu Grund zu legen, der durfte es vorziehen, die Olympiadenjahrzahl 6, 4 durch 6, 3 zu ersetzen. Jenes Jahr bezeichnet den Abschluss der lykurgischen Regierung und Gesetzgebung mit der Einführung der Ephoren. Diese wurden nach Plut. Lyk. 7 ἔτεσί που μάλιστα τριάκοντα καὶ ἑκατὸν μετὰ Λυκούργον eingesetzt, also, da Plutarch (Lyk. 1) dem Eratosthenes und Apollodoros folgt, um Ol. 6, 2. 755/4 oder 6. 3. 754/3, je nachdem man ihr Datum der Vormundschaft (885 4) oder der Gesetzgebung (884/3) zu Grund legt. Das Datum des Eusebios ist unsicher und wie viele andere verschoben: Abr. 1260 = OL 5, 4. 757/6 gibt ABR(M?), 1259 P(M?) Armen., 1257 F; doch ist ein Anzeichen vorhanden, welches auf das Richtige führt. Hieronymus fügt hinzu: fuit autem sub regibus Lacedaemon annis CCCL, eine Bemerkung, welche der Armenier nach dem letzten Jahr des letzten von Eusebios verzeichneten Königs Alkamenes, also scheinbar richtig unter Abr. 1241 = Ol. 1, 1. 776 anbringt, eben dadurch aber sich der eigenmächtigen Aenderung überführt; wie Hieronymus dazu gekommen wäre, sie von dort zur Ephorenepoche zu verschieben, ist nicht zu ersehen. Eusebios hat diese zu seinem System (dorische Wanderung 1101 v. Ch.) nicht passende Notiz schlechtweg aus Eratosthenes-Apollodoros übernommen: von der Wanderung 1104 3 führen 350 Jahre in Ol. 6, 3. 754/3; das Vollkönigthum von Sparta aber wurde in dem Augenblick definitiv in die Erbfeldherrnschaft verwandelt, welche wir in späterer Zeit vorfinden, als die Regierung des Staats an die Ephoren übertragen, die Datirung der Ereignisse an den Namen ihres Vorstandes geknüpft wurde. Das Richtige findet sich insofern bei Synkellos (s. zu Epoche 1171), als er den letzten König Alkamenes bis 754/3 regieren lässt und dort die Bemerkung über die 350 Jahre anbringt; in ihrer Versetzung auf 776 oder 775 ist dem armenischen Uebersetzer aus gleichem Grunde bereits Africanus vorangegangen.

Die Einführung des Ephorats ist nominell ein Werk des Königs

Theopompos, die Initiative aber sicher nicht von ihm ausgegangen: abgesehen von der Unwahrscheinlichkeit einer spontanen Selbsterniedrigung für jenen bildet sie den von Lykurgos vorgesehenen Schlussstein seines Gebäudes; seine ganze Verfassung ist ohne jene Behörde nicht denkbar. Wer dem Königthum die Regierung abnimmt und seinen Einfluss in dem Inneren auf die Mitgliedschaft im Rathe beschränkt, der muss nothwendig eine andere Regierungsgewalt einsetzen. So lange Lykurgos als Gesetzgeber wirkte, war er selbst Regent des Staates: die grosse Rhetra (Plut. Lyk. 6) beauftragte ihn, von Sommer zu Sommer (ὥρας ἐξ ὥρας) Volksversammlung abzuhalten und dort Anträge zu stellen auf Einführung oder Abschaffung von Einrichtungen; die Einberufung und Leitung dieser Versammlungen setzt schon voraus, dass er Inhaber der Regierung gewesen ist, und an einer ausserhalb des später zurechtgemachten Systems, welches Plutarch im Lykurgos vorträgt, stehenden Stelle im Solon 16 heisst er auch bei diesem βεβασιλευκὼς ἔτη πολλὰ τῆς Λακεδαίμονος. Erst durch die Fälschung, welche den Gesetzgeber um fast ein ganzes Jahrhundert zu früh ansetzte, eine Verschiebung welche das Ephorat wegen der chronologischen Fixirung seiner datumgebenden Inhaber nicht mitmachen konnte, erst dadurch ist es von Lykurgs Gesetzgebung abgelöst und diese in einen lebensunfähigen Torso, die Ephorenschöpfung in ein unverständliches Fragment verwandelt worden. Weder bei Aristoteles pol. V 9, 1 noch bei Platon leg. 692 wird durch die Zurückführung des Ephorats auf Theopompos der innere Zusammenhang mit dem Plan der lykurgischen Gesetzgebung ausgeschlossen und Herodot I 65. Xenophon Laced. 8, 3, Satyros bei Diog. La. I 31, [Platon] ep. 8 erklären geradezu Lykurgos für den Schöpfer jener Behörde; sie meinen auch nicht etwa, was in der Geschichtsfälschung des Kleomenes bei Plut. Kl. 10 der Fall ist, ein am Anfang untergeordnetes und unbedeutendes Amt, sondern das Regierungscollegium geschichtlicher Zeit. Dem wahren Sachverhalt entsprechend schreibt Aristoteles II 6, 15 vom Ephorat: συνέχει τὴν πολιτείαν τὸ ἀρχεῖον τοῦτο· ἡσυχάζει γὰρ ὁ δῆμος διὰ τὸ μετέχειν τῆς μεγίστης ἀρχῆς, ὥστ' εἴτε διὰ τὸν νομοθέτην εἴτε διὰ τύχην τοῦτο συμπέπτωκε, συμφερόντως ἔχει τοῖς πράγμασι: Lykurgos ist ihm der eigentliche Schöpfer der Behörde, ungewiss lässt er nur, ob auch die angegebene Wirkung ihres Bestehens von ihm geplant und vorgesehen war. Und unter den lakonischen Einrichtungen, welche II 7, 1 als jüngere Seitenstücke der kretischen bezeichnet und aus dem Aufenthalt des Lykurgos in Kreta erklärt werden, wird § 3 auch das Ephorat genannt.[1]) In die Lücke, welche durch den Zurücktritt Lykurgs von der früher dem Königthum zukommenden und von jenem thatsächlich in königlicher Weise geführten Regierungsgewalt entstand, trat die neugeschaffene Ephorenbehörde ein: nachdem zuerst die Könige und andern Geronten, dann das Volk die ganze Verfassung beschworen und die Pythia derselben die göttliche Sanction ertheilt hatte, trat er ab (Plut. Lyk. 29): er konnte auf die Macht der Erziehung vertrauen, welche auf mehr als eine ganze Generation umbildend eingewirkt hatte. Jetzt war der junge Theopompos König: er erhielt und vollzog den Auftrag, für die zur Nachfolge in der Regierung ausersehene Behörde die seinerzeit auch bei Lykurgs Einsetzung eingeholte Empfehlung des pythischen Gottes zu erwirken. Lykurgos hätte das vor seinem Abgang noch selber thun können; es lag aber für die Zukunft viel daran, dass jener das Vollkönigthum definitiv beseitigende Akt von einem Könige selbst vollzogen worden war. An dem jungen Theopompos, dessen Familienoberhaupt überdies eben Lykurgos war, fand er offenbar ein willigeres Werkzeug als an Alkamenes. An die Stelle seines abgesetzten Grossvaters Charilaos war 795 sein Vater Nikandros getreten, welcher den Titel eines Königs 38 Jahre lang führte, also 757 (Ol. 6, 4 lakonisch = Okt. 758 bis Okt. 757) abgieng, so dass Theopompos bei Einsetzung des Ephorats seit 4 Jahren König war. Als später die einer Tyrannis stark ähnelnde Regierung Lykurgs auf die Vormundschaft beschränkt und seine Epoche zurückgeschoben wurde, fügte man seine 42 Jahre zu den 18 des Charilaos, behielt aber trotzdem die 38 des Nikandros bei; die 64 Jahre des Charilaos bei Sosibios beruhen vielleicht auf Zusatz der 4 Jahre, welche von Nikandros Tod bis zum Abgang Lykurgs vergangen waren, also auf Verdopplung. Wenn somit die Regierung des Theopompos durch die ihm in unserer Ueberlieferung beigelegten 47 v. Chr. auf 757 — 710 Jahre zu stehen kommt, so ent-

---

1) Für Sokrates bei [Plat.] Minos 318 d sind Lykurgs Gesetze οὐδέπω (παλαιότατα), ἴσως ἢ τριακοσίων ἢ ὀλίγῳ τούτων πλείω. Vom Abschluss der Gesetzgebung (754/3) bis zum Verkehr des Alkibiades mit Sokrates (c. 434/3) verlaufen 320 Jahre. Der Dialog wird von Boeckh dem ältesten Sokratiker, Simon zugeschrieben.

spricht das den besten Nachrichten, welche wir über ihn besitzen. Er wohnte dem ganzen messenischen Krieg 743—724 bei, dessen glückliche Beendigung sein Verdienst gewesen ist; an dem Kampfe um Thyrea nahm er nicht mehr theil, wegen hohen Alters und noch mehr aus Kummer über den Tod seines Sohnes Archidamos, dessen Sohn sein Nachfolger wurde (Pausan. III 7). Eusebios setzt diesen Krieg Abr. 1298 = Ol. 15, 4. 717 (nach PB Armen.) oder 1297 FR(M), 1296 A(M).

Zeitgenossen, auch Freunde Lykurgs nannte die gute Ueberlieferung zwei Dichter: Homeros, dessen Geburt die ältesten Chronologen in das J. 833 verlegten (s. Epoche 1069) und den hie und da mit dem Milesier Thales oder mit Thaletas verwechselten Kreter Thales (Demetrios Magnes bei Diog. I 38. Strab. 482. Plut. Lyk. 4. Sextus Emp. p. 239), dessen Datum Ol. 7 = 752.48 von Phlegon bei Suidas und seinem Nachtreter Eusebios missverständlich auf die Blüthe bezogen worden ist: es geht, wie uns Leon d. I. Africanus b. Cramer An. par. II 263 bezeugt, seinen Tod auf Tenedos an. Andrerseits erhellt die Unrichtigkeit der von Ephoros und seinen Nachfolgern aufgestellten Königsdata aus der auch von ihnen, wie aus Diodors Geschichtserzählung und den Notizen des eusebischen Kanons hervorgeht, anerkannten Zeit des ersten messenischen Kriegs (743—724), dessen Theilnehmer Alkamenes seinen Anfang, Theopompos sein Ende nach ihrer Rechnung nicht mehr erlebt haben würden.

Die Data der troischen Epoche.

Die Einnahme Troias wurde in den vorletzten oder letzten attischen Monat, also in den Mai, Juni oder spätestens Mitte Juli gesetzt[1]); daher bei der Reduction auf Jahre vor Christi Geburt das Datum (z. B. 1183) um eine Einheit niedriger fällt als der Anfang des attischen Jahres (Juli 1184), der bei kurzer Ausdrucksweise auch die Zahl (1184) für das ganze (1184,3) zu liefern pflegt. Den 8. Thargelion nannten 'einige' bei Kallisthenes, s. Schol. Eur. Hek. 892; den 12. Thargelion unser ältester Zeuge für das Tagdatum, Hellanikos nebst Duris bei Tzetzes Posthom. 778, derselbe Hellanikos und der Argiver Dionysios bei Clemens strom. I 321, Lysimachos nach Schol. Eur. a. a. O. Für den 23. Thargelion stimmen Kallisthenes ebend., einige Atthidenschreiber bei Clemens a. a. O., ferner

---
1) In die Mitte Novembers von Aischylos Agam. 800.

Dionysios Hal. ant. I 63; für den 24. Thargelion die Chronik von Paros, für denselben oder einen ihm entsprechenden nichtattischen Monatstag Damastes, Kallisthenes, Ephoros und Phylarchos nach Plutarch Camill. 19, doch ist dies in Betreff des Kallisthenes zufolge der Auseinandersetzung desselben bei dem Scholiasten ein Irrthum. Andere bei Clemens nannten den 23. Skirophorion. In den Anfang des attischen Jahres scheint das einzige nichtattische Datum zu fallen, der 23. Panemos der Argiver Aginis und Derkylos bei Clemens, sofern der argivische Paneuios gewöhnlich dem Hekatombaion entsprach, Akad. Sitzungsb. München 1879, II 185; doch konnte im attischen Schaltjahr der Skirophorion mit ihm zusammentreffen und ein solches ist wenigstens bei Dionysios v. Halik., d. i. in der troischen Epoche des Eratosthenes vorausgesetzt, da er den 23. Thargelion sehr spät, nur 17 Tage vor der Sonnenwende setzt. Wie man zu dem 23. (oder 24.) Monatstag gekommen ist, offenbart Kallisthenes bei dem Scholiasten: nach der kleinen Ilias wurde die Stadt eingenommen, als der Mond um Mitternacht aufgieng; also beim letzten Viertel, welches, wie er hinzufügt, am achtletzten Monatstag eintrifft.

An Jahrdaten sind überliefert: 1333 für Timaios und Duris, 1290 (?) für Aretes, 1270 Pseudoherodot, 1207 parische Chronik, 1193 Thrasyllos, 1183 Eratosthenes, 1171 Sosibios; von Clinton, Boeckh, Fischer, Karl Müller u. a. wird Herodots Epoche auf 1263 (oder 1256 1254), die des Demokritos um 1150 gesetzt und durch Hinzufügung von 80 Jahren zu den Daten der dorischen Wanderung eine Reihe anderer troischer Epochen für Isokrates (1146 1136 1120), Ephoros (1170 1150), Phaneias (1129) aufgestellt. Die nachstehende Untersuchung kommt zu anderen Ergebnissen. Die niedrigsten und daher, insofern nur sie zur Generationenzahl der bis zur dorischen Wanderung und weiter zurückreichenden Stammbäume passen, ältesten Data sind 1059 (Pherekydes) und 1096. Frühzeitig aber wurde, besonders unter dem Einfluss auswärtiger Scheinsynchronismen, die Epoche in höhere Zeit verlegt: auf 1147 schon vor Demokritos, 1153 von Hellanikos, auf 1236 vor Herodotos, 1231 von Ktesias, 1136 wählte Ephoros, 1197 Manetho, 1171 Sosibios, 1333 Timaios. 1207 die Chronik von Paros. Alle diese Epochen, auch die am meisten verbreitete von 1153, wurden in den Hintergrund gedrängt durch die des Eratosthenes, weil seine Zeittafel in Apollodoros, Dionysios u. a. einflussreiche Bearbeiter und Fortsetzer erhielt; doch haben viele, besonders die von 1153 1171 1096 noch in römischer Zeit ihre Liebhaber gefunden. Neue wurden jetzt wenige mehr aufgestellt: die des Thrasyllos geht vielleicht auf Aretes zurück und die von Orosius vertretene: 1167 ist unbekannten Ursprungs.

1333 Timaios.

Von Troias Fall bis zum Uebergang Alexanders nach Asien unter Archon Euainetos Ol. 111, 2. 335/4 zählte Duris 1000 Jahre, Clemens strom. I 337. Zum Vorgänger hatte er seinen älteren Zeitgenossen Timaios. Diesem fiel die Ansiedlung der Korinther unter Chersikrates auf Kerkyra μετὰ ἔτη ἑξακόσια τῶν Τρωικῶν, Schol. Apollon. Rhod. IV 1216; die Gründung von Syrakusai aber durch Archias, welcher mit Chersikrates auswanderte, fällt um oder in Ol. 11, 4. 732. Bis zum Ende des heiligen Krieges 346 v. Ch. zählte er fast 1000 Jahre, a. zu Epoche 1236, und von der dorischen Wanderung bis Archon Euainetos 820 Jahre, Clemens a. a. O. Diese bringen (inclusive gerechnet wie gewöhnlich bei Clemens) die Wanderung in 1154/3 und lassen von den 1000 Jahren 180 als Entfernung derselben vom Falle Troias übrig; das sind die 180, welche nach Clemens a. a. O. manche auf diese Entfernung rechneten. Ueber die Entstehung des Datums 1333 a. zu Epoche 1236; über anderes zu 1290 und 1153.

1290 Aretes (?).

Censorinus 20, 8 aus Varro: ad olympiadem primam (ab excidio Troiae annos) Sosibius scripsit esse CCCXCV, Eratosthenes autem septem et quadringentos, Timaeus CCCCXVII, Aretes DXIIII. Timaios zählte in Wahrheit 557 Jahre; an der Zahl 417 ist trotzdem nichts zu ändern: das ihr entsprechende troische Datum 1193 v. Ch. findet sich wirklich vor, bei Thrasyllos; nur konnte Varro es diesem nicht beilegen, weil Thr. erst nach ihm unter Augustus und Tiberius blühte. Dagegen die Zahl 514 lässt sich nicht belegen und ist auch wegen ihrer Höhe auffallend, a. zu 1270. Beide Schwierigkeiten werden gehoben, wenn man annimmt, dass die Zahlen des Timaios und Aretes mit einander vertauscht sind, und DXIIII in DLVII verwandelt: die massgebende Handschrift verwechselt oft V mit II (z. B. p. 40, 13. 43, 14 Hultsch), auch L mit X (p. 33. 19).

[1270 Herodotos].

Der vorgebliche Herodot, welchem wir die längste unter den Biographien Homers verdanken, zählt c. 38 130 Jahre von dem Troerkrieg (*ἀπὸ τῆς εἰς Ἴλιον στρατείας*) bis zur Gründung der Städte auf Lesbos, von da 20 zu der von Kyme, 18 weitere, im Ganzen 168 bis zur Geburt Homers bei der Gründung von Smyrna, von da 622 bis zum Uebergang des Xerxes über den Hellespont, also bis Ol. 74, 4. 481 0. Die angegebenen Zeitabstände sind, den letzten ausgenommen, unverdächtig: die Lesbierstädte waren in der That die ältesten, Smyrna eine der jüngsten Colonien in Aiolis, und der Abstand 130 für Lesbos lässt sich nachweisen, s. zu Ep. 1153. Aber die Zahl 622 ist viel zu hoch: die Data 1270 für Troia, 1140 Lesbos, 1120 Kyme, 1102 Smyrna widerstreiten der allgemeinen, auch von dem Verfasser (c. 7. 16. 17 u. a.) getheilten Voraussetzung, dass die aiolische Wanderung mit der ionischen ungefähr gleichzeitig gewesen sei, da die ionische von Niemand höher als in die Mitte des XI. Jahrhunderts gesetzt wurde und der Abstand von 130 Jahren zwischen Troia und Lesbos zu dieser Voraussetzung stimmt: die Wanderungen nach Kleinasien konnten, weil sie die letzten waren, nicht so stark von ihrer ursprünglichen Zeit entfernt werden wie die dorische und boiotische oder gar der Troerkrieg: wer diesen auf 1270 stellen wollte, hätte den Abstand von ihm bis zur Gründung der Lesbierstädte um ein ganzes Jahrhundert erhöhen müssen. Je höher das troische Datum, desto grösser seine Entfernung von der dorischen Wanderung und das Intervall von dieser zur ionischen, z. B. von Troia bis zur dorischen Wanderung zählte Timaios (tro. Epoche 1333) 180, ein anderer 120, Eratosthenes (Epoch. 1183) 80, Sosibios (1171) und Ephoros (1136) 67, Pherekydes (1059) 10 Jahre; von Troia bis zur ionischen Philochoros 180, Eratosthenes 140, Ephoros und Sosibios 127. der Schöpfer der Epoche 1096 100, Pherekydes (1059) 63 Jahre.

Als angeblicher Herodot musste der Biograph das herodotische Datum der Einnahme Troias seinen Daten zu Grund legen: diese setzt der Geschichtschreiber II 145 wenig über 800 Jahre vor seiner Zeit (*ἐς ἐμέ*). Eusebios erwähnt Herodots Blüthe zu Abr. 1549 = Ol. 78, 1. 468; ähnlich Hesychios (Suidas), wenn er Herodot vor dem Tyrannen Lygdamis nach Samos fliehen und dort sein Werk abfassen lässt, die Blüthe seines Vetters Panyasis aber, welcher Lygdamis ermordete, in Ol. 78 setzt. Mit 802 oder inclusiv zählend 803 Jahren von da bekam er 1270. Wie die Data gelautet hatten, welche er auf diese neugeschaffene Epoche umsetzt, verräth Hieronymus (der Armenier hat hier eine Lücke) zu Abr. 1031 = 986/5 v. Chr.: Samus condita et Smyrna in modum urbis ampliata [1]). Die letzten Worte sollen wahrscheinlich zur Uebersetzung von Σμύρνα ἐπολίσϑη dienen: Smyrna wurde von den Aiolern nicht erst gegründet, sondern den Barbaren (nach Aristoteles Lydern) entrissen; bis dahin war es also ein offener Flecken (κώμη) gewesen, denn zu den Unterscheidungsmerkmalen zwischen Barbaren und Hellenen gehörte, dass diese in Städten, jene in Flecken und Dörfern wohnen. Von 986/5 mit 168 Jahren zurückzählend erhalten wir aber die troische Epoche 1154/3. Diese also hat der falsche Herodot vorgefunden und es ergeben sich daraus die Gründungsdata 1024 für Lesbos und 1004 für Kyme, deren späte Zeit auf eine gute, alte Quelle des Biographen hinweist und, da die aiolische Wanderung bei den besten Schriftstellern für älter galt als die ionische, für diese ein nach 1024 liegendes Datum vermuthen lässt.

1236 bei Herodot.

Von Troias Fall bis zur Abfassung seines Werks zählt Herodot über 800, unter 810 Jahre, II 145 Παρὶ τῷ ἐκ Πηνελόπης καὶ Ἑρμίω ἐλάσσω ἔτεά ἐστι τῶν Τρωικῶν, κατὰ τὰ ὀκτακόσια μάλιστα ἐς ἐμέ. Die Geburt Pans von Penelope wurde in die Zeit der Irrfahrten des Odysseus verlegt; frivoler Witz erfand auch die Namensableitung von der Vaterschaft 'aller' Freier. Kirchhoffs Hypothese von der successiven Entstehung des herodotischen Werkes ist von vielen, zuletzt von Rühl Philologus XLI H. 1 mit guten Gründen bestritten worden; die schliessliche Redaction setzen wir in 87, 4. 429/8. Grosskönig ist Artaxerxes I (Her. I 130. VI 98. VII 106), gestorben März 424; die Battosdynastie in Kyrene bereits untergegangen (IV 163), bestanden hatte sie 200 Jahre lang (Schol. Pind. pyth. 4, 1) seit 632 (Eusebios); der Ueberfall Plataias (VII 233)

[1] Der syrische Auszügler Dionysios von Telmahar: anno MXXX urbs Samos condita est et Smyrna condita est anno MXXXIV. Bei Hieronymus datirt M 1030, R 1032.

und die Vertreibung der Aigineten (VI 91) ist 431, die Hinrichtung spartanischer Sendlinge in Athen (VII 137) September 430 geschehen. Andrerseits weiss Herodot V 3 noch nichts von der Herrschaft der Odrysen über ganz Thrake sammt den Nachbarstaaten und ihrer furchtbaren Machtentfaltung, welche im Herbst 429 alles Volk bis zu den Thermopylen in Angst und Schrecken versetzte; er kennt IX 73, wie der Aorist lehrt, nur eine einzige Verheerung von fast ganz Attika: σινομένην τὴν ἄλλην Ἀττικὴν Λακεδαιμονίοις ἀπαχέσθαι, also die von 430, nicht die zweite dieser Art im Juni 428, geschweige denn die vollständige von 427. — Demnach setzte er die Geburt Pans auf 1228, die des Herakles (900 Jahre vor seiner Zeit) 1328. Nach Eusebios zu Abr. 823 erreichte Herakles ein Alter von 52 (nach andern 82) Jahren. Velleius I 2 setzt seinen Tod 40 Jahre vor Troias Fall (andere 53 oder 24), welcher auf diese Weise 92 Jahre nach Herakles Geburt = 8 vor Pan, d. i. auf 1236 gebracht wird.

Die herrschende Ansicht geht von Herodots Angaben über die Lyderkönige aus, obgleich von ihnen kein bestimmtes, noch weniger ein sicheres Ergebniss zu erwarten ist. Er gibt den Mermnaden 170 Jahre, setzt also, da die Einnahme von Sardes dem Spätjahr 546 angehört, den Anfang des Gyges 716; den Herakleiden gibt er 505 Jahre, der Anfang des Agron fällt hienach 1221. Gibt man nun den Ahnen desselben, Herakles, Alkaios, Belos, Ninos, je 33^1/$_3$ Jahre, so kommt der Anfang des Herakles auf 1354, und hieraus hat man die Data 1254 für Pans Geburt und 1262 für Troia, in ähnlicher Weise die verwandten bekommen. Dabei wird aber die Blüthenepoche (bei Königen der Regierungsanfang) mit der Geburt verwechselt (denn jene, nicht diese, ist bei dem Datum 1221 des Agron gemeint) und man hätte vielmehr auf ein um zwei oder mehr Jahrzehnte höheres Datum für Herakles, Troia und Pan kommen müssen, was freilich aus anderen Gründen nicht statthaft war. Ob Herodot bei seinen Angaben über die Lyderkönige auch an jene mythischen Data gedacht hat, wissen wir nicht; that er es, so konnte er z. B. folgendermassen rechnen. Während jener 505 Jahre regierten 22 Herakleiden nach einander, immer der Sohn Nachfolger des Vaters (I 7), jeder also durchschnittlich 23 Jahre, ein Durchschnitt, welcher billiger Weise auch ihren Ahnen beigelegt wird. Dann begann die Reife des Ninos 1244, des Belos 1267, Alkaios 1290, Herakles 1313 und sie war von diesem (1328 geboren) im 16. Lebensjahr erreicht worden: gewiss nicht zu früh für ihn, dessen Hand schon in der Wiege Schlangen zerdrückt hatte. Dass Herodot einen Theil seines Werkes schon 454 geschrieben und seine meisten Reisen vor diesem Jahr oder wenigstens vor 448 gemacht habe, ist nicht wahrscheinlich. Der ägyptische Aufstand, nach welchem er Aegypten bereiste, ist erst 453 beendigt worden (Philologus XLI 117); auch nach dieser Zeit durfte Herodot, der Angehörige eines zu Persien in Kriegverhältniss stehenden Reiches, welches noch 449 den Empörer Amyrtaios in Aegypten zu unterstützen suchte, in persisches Gebiet sich nicht eher wagen, als bis der Friede geschlossen war, dessen Verhandlung frühestens Winter 449 8 begonnen und, da Kallias mehrmals hin- und herreisen musste, kaum vor Winter 448 7 geendigt hat. Ob er erst bei der Gründung von Thurioi OL 84, 1. 444 oder schon zwei Jahre früher bei dem Wiederaufbau von Sybaris nach Unteritalien gewandert ist, bleibt zweifelhaft; einige Jahre brauchte er doch wohl, um sich dort einzuleben, und hat seinen Besitz nicht eher auf Jahre hinaus verlassen, als bis die Verhältnisse desselben festgegründet waren. Wir halten es daher für das Wahrscheinlichste, dass seine Reisen dem letzten Jahrzehnt vor dem peloponnesischen Krieg angehören.

Die troische Epoche Herodots scheint nicht von ihm selbst herzurühren: er bezeichnet sie nicht, was er in solchen Fällen zu thun pflegt, als sein geistiges Eigenthum, gibt auch die Rechnung nicht an, auf welcher sie ruht, setzt also, da er von ihr wie von einer feststehenden Thatsache spricht, Bekanntheit ihrer Elemente voraus; überhaupt haben wir die Urheber neuer Data der troischen Epoche nur in Schriftstellern zu suchen, welche das Ereigniss im Rahmen geschichtlicher oder wenigstens chronologischer Darstellung behandelt haben. Nachweisbar ist sie bloss bei ihm; denkbar wäre indess, dass die wunderliche Epoche des Timaios durch ein naheliegendes Missverständniss aus ihr hervorgegangen ist. Den Troerkrieg fast drei ganze Jahrhunderte früher zu setzen als es die Generationenrechnung (angewandt auf den Stammbaum der angeblichen Nachkommen seiner angeblichen Theilnehmer) erlaubt, war eben nur er im Stande, vermöge einer Schwäche, welche ihm nicht ohne Grund im Alterthum nachgesagt worden ist, seiner $\delta\epsilon\iota\sigma\iota\delta\alpha\iota\mu\upsilon\nu\iota\alpha$: ein Ausspruch des delphischen

Orakels z. B. musste ihm für unfehlbar gelten und ein auf das Datum des Troerkriegs bezüglicher wird in der That gerade von ihm angeführt. Wie Timaios bei Tzetzes zu Lykophron 1141 erzählt, war 3 Jahre nach der Einnahme Troias und dem Schiffbruch des Aias Seuche und Hungersnoth in Lokris (dem östlichen) eingetreten und als die Noth nicht wich, in Delphoi die Weisung erholt worden, der Pallas in Ilion zur Sühne der Schändung Kassandras 1000 Jahre lang zwei Mädchen alljährlich zu schicken; beim Ablauf des Jahrtausends, nach dem phokischen Kriege wurde diese Opfersendung eingestellt (in Wirklichkeit war die Sitte 1—2 Jahrhunderte vorher eingeführt worden, Περσών ἤδη ἐπικρατούντων, Demetrios von Skepsis bei Strabon 601). Der göttliche Befehl hatte hienach verlangt, die Sendung bis zum 1003. Jahre seit Troias Fall zu machen. Flüchtigkeit des Auszüglers gibt sich daran zu erkennen, dass beim Ende des phokischen Kriegs, Spätsommer 346, noch nicht, wie er voraussetzt, 1003 sondern erst 987 Jahre seit Troias Fall verflossen waren. Vielleicht hat Tzetzes auch über die 3 Jahre nicht genau berichtet. Das Motiv ihrer Erfindung erscheint bei ihm unverständlich; die ausserordentliche Härte der Sühne, welche auferlegt und willig übernommen wurde, setzt eine ebenso ausserordentliche Landesnoth voraus; der geschichtliche Hintergrund jener 3 Jahre ist wohl, dass dies der Betrag ihrer Dauer gewesen war, und die Mehrung von 1000 auf 1003 Jahre erklärte man daraus, dass der mit dem Eintritt der Noth angekündigte göttliche Zorn 3 Jahre lang unbeachtet geblieben war. Im Sinn des Timaios würde, wie sein troisches Datum lehrt, das Ende der Opfersendung Ol. 112. 1. 332/1 eingetreten sein; beim Aufhören derselben fehlten noch 14 Jahre und es fragt sich nun, wie die vorzeitige Einstellung zu erklären ist.

Bei der grossen Werkfrömmigkeit und Götterfurcht der alten Völker ist es sicher, dass dieselbe nicht eigenmächtig sondern auf Grund göttlicher Genehmigung geschehen ist: hatten die Lokrer das Opfer, wenn auch nicht 986, aber doch immerhin fast 200 Jahre lang bringen können, so würden sie sich der Last um blosser 14 Jahre willen nicht leichtsinniger und frevlerischer Weise entledigt haben; sonst hätte der göttliche Zorn von neuem und in solcher Weise ausbrechen können, dass die ganze frühere Leistung vergeblich gewesen sein würde. Die 14 Jahre sind ihnen geschenkt worden, zum Lohn für ihre Gottestreue. Sie waren vom Anfang bis zum Ende des heiligen Krieges die eifrigsten Vertheidiger des delphischen Heiligthums gewesen, dabei aber ungleich stärker als ihre Verbündeten geschädigt worden: zu der allgemeinen Einbusse an Gut und Blut war bei ihnen der Verlust mindestens des halben Gebietes gekommen. Wurden nach dem Ende des Krieges die Missethäter aufs Härteste bestraft, so war es wohl auch billig, den am schwersten mitgenommenen Getreuen eine Schadloshaltung zu gewähren: sie bestand in dem Erlass der noch schuldigen Mädchensendungen; man konnte ihn sogar, obgleich es nicht nöthig ist, das anzunehmen, damit begründen, dass die Lokrer zuerst 3 Jahre durch die Seuche und Hungersnoth, und zuletzt 11 (nach der längsten Berechnung. Diod. XVI 14) durch die Leiden des heiligen Krieges bereits verbüsst hätten. Sollten nun aber die Exegeten der göttlichen Offenbarung wirklich vorausgesetzt haben, dass Troia schon 1333 zerstört worden war? Gewiss nicht; vielmehr wird das Orakel, wie viele andere, einen zweideutigen, leicht irre leitenden Ausdruck enthalten haben. Das Bussjahr, welchem wir im Mythus z. B. des Apollon nach dem Morde Pythons, des Kadmos nach der Erlegung des Drachen begegnen, war ein sog. grosses Jahr, d. i. eine Ennaeteris (Censorin 18), weil das Mondjahr erst nach achtmaliger, von 3 Schaltmonaten begleiteter Wiederholung zur ἀποκατάστασις, zur Wiederkehr seines ursprünglichen Verhältnisses zur Sonne gelangt, s. Apollodor bibl. III 4, 2. Plutarch defect. oracul. 21. Das Mondjahr ist Menschenwerk: Selene schafft bloss den Monat; Gottesjahr (ἔτος κατὰ θεόν) ist bloss das solare, welches aber in Hellas nicht eingeführt war; die Erneuerung des 8jährigen Schaltkreises bedeutete also eine Wiederkehr des Jahres zur Gottheit. So wird auch durch die Busse des Mörders sein früheres Verhältniss zu den Göttern wiederhergestellt. Also 14 grosse = 112 gewöhnliche Jahre nach 108, 3. 346/5 waren gemeint und die 1003 würden Ol. 136, 3. 234 3 zu Ende gegangen sein; ihr Anfang war mithin 1237. 6.

1231 Ktesias.

Die Verzeichnisse assyrischer Könige von Ninos bis Sardanapallos, welchen der Meder Arbakes stürzte, gehen sammt den Listen welche das Königthum der Meder mit diesem beginnen, alle auf Ktesias zurück, obwohl sie über die Dauer beider Reiche und das Datum ihrer Anfangszeit in mannichfachster Weise von einander abweichen. Trogus bei Justinus I 2 gibt den Assyrern 1300 Jahre, ebenso 'andere' bei Eusebios I 67; man hält diese Zahl, betreffs der letzteren wenigstens sicher mit Unrecht, für Abrundung wegen Diod. II 28 ἔτη πλείω τῶν χιλίων καὶ τριακοσίων und zwar aus 1306 wegen Agathias II 25 ὁ Σαρδανάπαλλον ἕξ τε καὶ τριακοσίων ἤδη πρὸς ταῖς χιλίοις καὶ ὀλίγῳ πλειόνων ἐτῶν παρηχηκότων ἐξ οὗ τὰ πρῶτα ὁ Νίνος τῶν ἐκεῖ κατέσχε πραγμάτων. οὕτω γὰρ Κτησίᾳ τῷ Κνιδίῳ τοῖς χρόνοις ἀναγραψαμένῳ καὶ Διόδωρος ξύμφησιν ὁ Σικελιώτης. Seltsamer Weise wird dabei sowohl der Zusatz καὶ ὀλίγῳ πλειόνων, welcher deutlich auf Fehlerhaftigkeit des ἕξ und Entstehung aus einem Zehner (ἑξήκοντα = ξ') hinweist, missachtet wie der Text des Originals, in welchem dieser Zehner wirklich steht: Diod. II 21 ἔτη πλείω τῶν χιλίων καὶ τριακοσίων ἔτι δ' ἑξήκοντα, καθάπερ φησὶ Κτησίας ὁ Κνίδιος. Diese mehr als 1360 Jahre lassen sich auch noch nachweisen: es sind 1366 oder 1365.

Bis zum Falle Troias und dem Ende des Königs Teutamos verlaufen 1012 Jahre. Mindestens 1010 verflossen bis zur troischen Epoche nach Diod. II 22 Τευτάμου βασιλεύοντός φασι τοὺς μετ' Ἀγαμέμνονος Ἕλληνας ἐπὶ Τροίαν στρατεῦσαι τὴν ἡγεμονίαν ἐχόντων τῆς Ἀσίας τῶν Ἀσσυρίων ἔτη πλείω τῶν χιλίων. Die bestimmte Zahl liefert Kephalion bei Euseb. I 64 postea singillatim refert (Ctesias), quomodo Teutamus auxilii ei suppetias miserit ducemque exercitus Memnonem Tithoni filium, quem Thettalii insidiis factis occiderunt. deinde singulatim dicit: Millesimo decimo tertio anno fit rex Assyriorum Sardanapallus. Im letzten Satz ist mit Brandis rerum Assyriorum tempora p. 58, da nach Teutamos noch 10 Könige folgen, eine Lücke anzunehmen: anno fit rex Assyriorum (......... anno fit rex Assyriorum) Sardanapallus. Hienach ist in Kephalions Angabe b. Eus. I 62: εἰς ̨α' ἐτῶν ἀριθμὸν hätten 23 Könige nach einander geherrscht, ohne irgend eine kriegerische Unternehmung auszuführen, deren Namen man bei Ktesias selbst nachlesen möge, zu schreiben εἰς ̩ργ' ἐτῶν ἀριθμόν: er meint die unkriegerischen Könige von Ninyas bis Teutamos excl., deren wirklich 23 sind: zieht man von 1012 die 52, 42, 32 des Ninos, der Semiramis und des Teutamos ab, so bleiben 886 = an (ιδ) 900. Derselbe Fehler noch einmal a. a. O.: ̨α' δὲ ἐτῶν ἀπὸ Σεμιράμεως εἰς

Μιτραίον βασιλέα ἀναμιθμοῦντι[1]) περιελλοιένων Μήδεια Κολχὶς ἀνεχώρησεν Αἰγίως; Mitraios ist der Vorgänger des Teutamos, seine 35 (Exc. Barb.; 27 die andern, mehr verkürzten Listen) Jahre nebst den 52 des Ninos und 32 des Teutamos von 1012 abgezogen ergeben 893 Jahre von Semiramis bis zum 1., 900 bis zum 8. Jahr des Mitraios, in welches Ktesias (falls die Zahl 35 nicht auch verkürzt ist) die Flucht der Medeia setzte. Die Summe 1012 verhilft uns auch zum Verständniss einer Angabe des Thallos. Um zu beweisen, dass die ältesten Götter der Griechen gar nicht sonderlich alt seien, verweist Theophilos an Autolykos III 29 auf das Epochendatum des Belos, dessen Zeitgenosse Kronos gewesen sei, bei Thallos: πρωγενέστερος εἰηίσκεται τοῦ Ἰλιακοῦ πολέμου ἔτεσι τκβ′; die Zahl 322 wird von Lactantius inst. I 23 bestätigt und als Termin, wie das folg. τῆς Ἰλίου ἁλώσεως lehrt, die Zerstörung Troias verstanden. Dieser Belos ist in Wahrheit kein anderer als der 18. König des Ktesias, der von Kephalion Βῆλιμος, von Bion und Alexander Polyhistor bei Agathias Βαλεοῦς, von Synkellos Βήλοχος, von Pseudeusebios[2]) Βηλόχοος genannt wird; die Uebersetzer des Eusebios und Africanus geben Belochus (armen. Bélokhus). Die Menge der Namensformen rührt zum Theil daher, dass derselbe auch bei Schriftstellern welche von Ktesias unabhängig waren (z. B. Bion) vorkam; unter seiner Regierung lässt Ktesias den Perseus in das assyrische Reich kommen, Kepheus aber, dessen Tochter Andromeda von diesem gerettet wurde, ist bei Herodot VII 61 u. a. ein Sohn des Belos. Von jenem schreibt Kephalion a. a. O.: ἐτέων δὲ ὄντων τεσσαράκοντά που καὶ χ´ Βήλιμος ἐβασίλευσεν Ἀσσυρίων καὶ ἀφικνεῖται Περσεύς. Die 640 Jahre sind wie bei Mitraios von Semiramis ab gerechnet und ergeben mit den 52 des Ninos 692: nimmt man sowohl bei 640 wie bei den 322 des Thallos inclusive Zählung an, so erhält man (691 und 321 =) 1012 Jahre bis zur Zerstörung Troias, welche demnach ebenso in das letzte (32.) Jahr des Königs verlegt ist, wie (in der Regel) in das letzte des Agamemnon und Menestheus.

Von Teutaios, dem Nachfolger des Teutamos, bis Sardanapallos zählt

---

1) So schreibe ich statt ἂν ἀριθμεῖτε.
2) Χρονογραφίον σύντομον ἐκ τῶν Εὐσεβίου τοῦ Παμφίλου τοπωθεῖτων bei Mai scriptorum veterum nova collectio I 2. 1 ff. und aus diesem bei Schoene Euseb. I App. 63 ff.; geschrieben im J. 854 und von Eusebios unabhängig.

Eusebios im I. Buch 356, im Kanon 355 Jahre: mit 1012 verbunden würde dies die Summe 1367 oder 1368 ergeben; der Barbarus (s. zu Epoche 1197) ergibt 363, hat aber einen Textfehler, bei dessen Hebung 353 bleibt; Synkellos 362. nach der Schlussdatirung in 358 zu verbessern; Pseudeusebios 364. Man sieht, dass die grosse Verkürzung, welche sich die Chronographen erlaubt haben (z. B. Eusebios auf 1240 Jahre), an dieser Partie nicht vorgenommen worden ist: die ächte Gesammtsumme 1360 mit einem Ueberschuss, um 1012 vermindert, lässt 349—357 erwarten. Ausser der Verkürzung haben jene nämlich auch noch, um ihre troische Epoche zu gewinnen, das Ende Sardanapals mehr oder weniger bedeutend herabgesetzt: ebendadurch aber wurde es ihnen möglich, die ächte Summe der nach Troia verlaufenen Jahre wenigstens im Ganzen und Grossen beizubehalten oder gar zu erhöhen; der Kanon des Eusebios schiebt auch noch die troische Epoche vom 32. Jahr des Teutamos in das 25. zurück. Die Bezugnahme des Schlusstermins auf diese Epoche erlaubt einen Schluss auf die wahre Zahl dieser Theilsumme. Von 1197, der troischen Epoche des Manetho vorfliessen 354 Jahre bis 843, in welches Jahr Abydenos bei Euseb. I 53 und der Barbarus, wahrscheinlich auch Velleius I 6, 1 das Ende Sardanapals setzen (67 Jahre vor Ol. 1), ebenso der Gewährsmann des Synkellos, welcher 283 Jahre der Mederkönige zählt (560 v. Ch. + 283 = 843). Von der eratosthenischen Epoche 1183 führen 354 Jahre bis 829, Anfangsjahr des Arbakes bei Africanus. Von der troischen Epoche des Sosibios und Kastor 1171 erhält man mit 354 Jahren 817 v. Ch.: Eusebios im I. Buch setzt Arbakes 816, im II. Buch auf 819, Orosius 64 J. vor Rom = 818/7, der Chronist von 886 [1]) auf 818. Hat Dikaiarchos die Zerstörung Troias 1211 gesetzt, so ist mit ihr das Datum des Arbakes 858 bei Euseb. I 67 (298 Jahre [2]) der Meder) zu verbinden: Abstand 353.

Die ächte Summe des Ktesias ist hienach 1365 oder 1366 und hiemit Aemilius Sura im Text des Velleius I 6—7 zu vergleichen, wo von Ninos bis zur entscheidenden Niederlage des Antiochos Megas bei Magnesia, d. i. bis varr. 565, v. Ch. 189 (Proconsulat des Scipio Asiaticus) 1995 Jahre

---

1) Ἐκλογή ἱστορικῶν bei Cramer Anecd. Paris. II 165 ff.
2) Aehnlich Alexander Polyhistor bei Agathias a. a. O. 300 Jahre

gezählt werden. Dies ergibt für Ninos Anfang 2183 v. Chr. und für die troische Epoche des Sura 1171 (= 2183 — 1012). Ktesias selbst zählte den Mederkönigen von Arbakes bis Astyages excl., wie die Posten bei Diodor II 32—34 ergeben, 282 Jahre; die fehlenden des Astyages dürfen wir, weil Diodor II 35 bei diesem auf die hellenische Ueberlieferung, d. i. nach II 32 Herodot verweist, aus diesem auf 35 ergänzen. Dann hat Ktesias das Ende der Assyrer 317 Jahre vor 560, also 877, den Anfang desselben 2143 oder 2142, die troische Epoche 1231 oder 1230 gesetzt. Hiefür gibt es eine Bestätigung. Nach Clemens strom. I 320, wiedergegeben von Eusebios praep. X 12 fiol Mosis Auszug und die Epoche des Inachos bei Ktesias in das 402. (schr. 302.) Jahr des Assyrerreichs, das 32. des 8. Königs Beluchos. Letzteres ist in allen Listen das 302. seit Ninos und gleicht sich nach Obigem mit 1942 oder 1941 v. Ch. Die Zeitbestimmung hat Clemens wahrscheinlich aus Dionysios v. Hal. oder Apollodoros, d. i. aus Eratosthenes: bei diesem begann Inachos 1942 oder 1943. Dies entscheidet bei Ktesias für 2143 und 1231.

1211 Dikaiarchos?

Dikaiarchos bei Schol. Apoll. Rhod. IV 276 γίνεται ἀπὸ Σεσογχώσεως ἐπὶ τὴν Νείλου βασιλείαν ἔτη βφ', (ἀπὸ δὲ τῆς Νείλου βασιλείας ἐπὶ τὴν Ἰλίου ἅλωσιν ἔτη ζ,) ἀπὸ δὲ τῆς Ἰλίου ἁλώσεως ἐπὶ τὴν α' ὀλυμπιάδα υλς'. ὑπὸ βφμγ' (laur. βλμγ'). Das Eingeschlossene ist ein scharfsinnig erdachter Zusatz Heinr. Keil's, welcher die troische Epoche auf 1212/1 att. Stils bringt. vgl. S. 548. Nur ist, da der Dichter bloss von Sesonchosis und Neilos spricht und der Zweck der Zeitbestimmung, welcher allein die Erwähnung des troischen Ereignisses veranlasst haben könnte, schon durch die Angabe des Abstands von der 1. Olympiade erreicht wird, nicht zu begreifen, warum der Erklärer auch noch von Troia spricht, zumal bei einem so winzigen Abstand von 7 Jahren neben 2500 und 436. Es bleibt daher die Frage offen, ob nicht βφ' aus βφζ' und Ἰλίου ἁλώσεως aus Νείλου βασιλείας verdorben ist: war einmal Νείλου in Ἰλίου übergegangen, so lag es nahe, βασιλείας in ἁλώσεως zu verändern.

1207 in der Chronik von Paros.

Die Marmorchronik[1]) von Paros setzt, wie Lydiatus, Boeckh, Karl Müller u. a. erkannt haben, für die attischen Könige vor Troias Fall die von Eusebios angegebene Regierungsdauer voraus, datirt sie aber um 25 Jahre höher. Die ihr zu Grunde liegende Liste lautete also: 1581 Kekrops 50. 1531 Kranaos 9. 1522 Amphiktyon 10. 1512 Erichthonios 50. 1462 Pandion 40. 1422 Erechtheus 50. 1372 Kekrops II 40. 1332 Pandion II 25. 1307 Aigeus 48. 1259 Theseus 30. 1221 Menestheus 23. 1206 Demophon. Troias Einnahme setzt sie nicht wie Eusebios in das letzte, sondern in das 22. J. des Menestheus (1208/7) und zählt von ihr 945 J. bis Diognetos. Die Fortsetzung dieser Liste glauben wir bei Pseudeusebios zu erkennen, welcher ihr eine verkehrte Datirung gegeben hat (vgl. zu Epoche 1171): 1206 Demophon 33. 1173 Oxyntes 31 (schr. 10). 1163 Thymaites 10. 1153 Melanthos 37. 1116 Kodros (ergänze: 21. 1095 Medon) 20. 1075 Akastos 38. 1037 Archippos 16. 1021 Thersippos 41. 980 Phorbas 33. 947 Megakles 30. 917 Diognetos 26. 891 Pherekles 19. 872 Ariphron 33. 839 Thespieus 40. 799 Agamestor 21. 778 Aischylos 23. 755 Alkmaion 2. (753 die 10jährigen Archonten bis 683). Die parische Chronik stimmt insofern nicht hiezu, als sie Pheidon 894 unter Pherukles setzt; wahrscheinlich hat der falsche Eusebios oder sein Abschreiber einen bei ihm und bei dem Barbarus häufig vorkommenden Doppelfehler begangen, indem er einen aus der angegebenen Summe erkannten Postenfehler an unrechter Stelle zu verbessern suchte. Vielleicht hatte ursprünglich Diognetos 23 und Agamestor 24 Jahre. Die verstümmelte Zahl der ionischen Wanderung kann auf 813 oder 763 ergänzt werden; die kleinere Zahl (= 1026 v. Ch.) ziehen wir vor, weil die von den Herausgebern gewählte grössere einen bei dem hohen Datum der troischen Epoche zu geringen Abstand von dieser (nur 132 Jahre) ergeben würde.

1197 Manetho, Africanus.

Das von Manetho gemeinte Jahrdatum ist des Genaueren nur aus dem System zu erkennen, welches Julius Africanus auf dasselbe gebaut

---

1) Ihre Jahrzählung ist bekanntlich bis zum Tod des Sokrates inclusiv (das Schlussjahr, Ol. 129, 1. 264 Arch. Diognetos also mitgerechnet), nachher exclusiv.

hat; die von mir bereits in der Chronologie des Manetho p. 224, jedoch mit dem Fehler eines Jahres (1198) aufgestellte Epoche hat Gelzer Afric. p. 138 ff. verworfen und mit Boeckh das eratosthenische Datum für Africanus, ja auch für Manetho, obgleich dieser vor Eratosthenes schrieb, angenommen; dies nöthigt mich hier ausführlicher auf diese Frage einzugehen. Ueber andere Differenzen grundlegender Natur s. meine Anzeige des Gelzerschen Buchs Philol. Anz. XI 82 fg.

I. Africanus. 1. Seine jüdische Rechnung. Die Auszügler setzen den ganzen Troerkrieg unter Eli, welcher bei ihm 1210—1190 regiert. Gelzer giebt dies zn, verweist aber auf die Latinerliste der Excerpta Barbari (in Schoene's Eusebius I): regnavit Eneas nono et decimo post vastationem Solis (Ἰλίου statt Ἰλίου) in diebus Heli sacerdotis et Samuhelis prophetae, indem er (ohne weiteren Anhalt) die Hypothese aufstellt, Africanus habe während der ersten 20 Jahre 1190—1170 diesen neben Eli regieren lassen, so dass auf letzteren im Ganzen 40 Jahre gekommen wären. Dies ist unrichtig, s. Nr. 5; aber auch die Richtigkeit angenommen, würde damit nichts bewiesen sein, weil das J. 1164 oder 1165 (= 19 Jahre nach 1184/3) nicht mehr in die Zeit der angenommenen Mitregentschaft fällt. Zur jüdischen Richterliste vgl. Nr. 2 am Ende.

2. Attische Liste. Die des Barbarus ist nach sicheren Anzeichen, wie auch anerkannt wird, aus Africanus entlehnt. Die Posten liefern von Kekrops bis zum Ende des Troiakämpfers Menestheus 384 Jahre; mit den 9, welche der ausgefallene Kranaos überall hat, erhalten wir 393. Somit fällt das Ende des Menestheus 1197: denn Kekrops beginnt nicht 1596 wie G. behauptet sondern 1590, nämlich wie der Barbarus schreibt 907 Jahre vor dem ersten jährigen Archonten (683, s. zu Ep. 1153) und 814 Jahre vor Olymp. 1, 1; die 907 bezengt Jo. Malala p. 62 ausdrücklich für Africanus. Demnach ist das 208. Jahr nach dem Auszug Mosis (1796 5 Ch.), welches er gleichfalls als Datum des Kekrops gibt, in 206 zu verwandeln und der Weise des Barbarus entsprechend vollendet zu nehmen: bei Joannes Antioch. fr. 16 zählt Africanus 206 Jahre von von Ogyges bei Kekrops; die ogygische Fluth setzte er aber in dasselbe Jahr wie den Auszng. In Gelzers Rechnung stellt Africanus das Ende des Menestheus 22 Jahre vor Ausgang des troischen Kriegs, in dessen letztem Jahr Homer ihn noch auftreten lässt; die Ausflucht, Afr. habe

in seiner redlichen Weise eine zu seinem System nicht passende Liste wiedergegeben, kann über diesen Widerspruch nicht weghelfen. Mit solcher Redlichkeit hätte jener kein System zusammenbringen können und eine Gedankenlosigkeit dieser Art lässt sich ihm nirgends nachweisen; von ihr kann bei dem Schöpfer eines Systems nur da die Rede sein, wo er, wie Africanus die Bibel und Manetho, eine Quelle citirt. Seine attische Liste ist aus dem Barbarus folgendermassen herzustellen: 1590 Kekrops 50. (1540 Kranaos 9). 1531 Amphiktyon 40 (schr. mit allen Listen 10). 1521 Erichthonios 10 (schr. 50). 1471 Pandion 50 (schr. 40). 1431 Erechtheus 40. 1391 Kekrops II 53. 1338 Pandion II 43. 1295 Aigeus 48. 1247 Thoseus 31. 1216 Menestheus 19. 1197 Demophon. Um 1197 fällt also die Einnahme Troias, denn sie wurde in das vorletzte oder letzte Jahr des Menestheus oder in das erste Demophons gesetzt. Als Jahrsumme der Könige gibt der Barbarus 492 an, ebenso Africanus bei Malala 62, Jo. Antioch. 16 und Kedrenos I 145; das Ende des Kodros und der Anfang des Medon fällt also in 1098 und von Demophon bis dahin sollen 99 Jahre verlaufen, die Posten ergeben jedoch 18 mehr. Die Zahlen der zwei letzten Könige sind durch die Uebereinstimmung mit fast sämmtlichen andern Listen gesichert, die 1 und 9 des Apheidas und Thymaites kehren bei Synkellos (a. zu Epoche 1153) wieder, auch der in der attischen Liste am meisten zu Africanus stimmende Pseudeusebios spricht dafür, sofern er zwar Apheidas weglässt, aber dem Thymaites 10 gibt. Wir geben daher dem Demophon 21 (bei Synkellos 23) statt 35 und dem Oxyntes 10 wie bei Synkellos und Pseudeusebios statt 14. welches wie Barb. p. 41a 18 Dittogramm aus dem darauffolgenden XIV ist. Also: 1197 Demophon 35 (schr. 21). 1176 Oxyntes 14 (schr. 10). 1166 Apheidas 1. 1165 Thymaites 9. 1156 Melanthos 37. 1119 Kodros 21. — Lebenslängliche Archonten: 1098 Medon 20. 1078 Akastos 39. 1039 Archippos (19 nach den andern Listen. 1020 Thersippos) 40. 980 Phorbas 33. 947 Megakles 28. 919 Diognetos 28. 891 Pherekles 16. 876 Ariphron 30 (zu ändern nach Synkellos: $\varkappa\alpha\tau\grave{\alpha}$ $\delta\grave{\epsilon}$ $\mathit{Ἀφρικανὸν}$ $\mathit{ἔτη}$ $\lambda\alpha'$). 845 Thespieus 40 (= Synk. $\varkappa\alpha\tau\grave{\alpha}$ $\delta\grave{\epsilon}$ $\mathit{ἄλλους}$ μ'). 805 Agamestor 26 (zu ändern nach der dritten und letzten Variante des Synkellos: $\varkappa\alpha\tau\grave{\alpha}$ $\delta\grave{\epsilon}$ $\mathit{ἄλλους}$ $\varkappa\overline{\varsigma}$). 778 Aischylos 22 (= Afric. im Chron. pasch. p. 193; der Barb. schiebt hier den oben ausgefallenen Thersippos ein). In seinem 2. (vollen) Jahr die 1. Olympienfeier. 755 Alkmaion 10 (Dittogramm statt 2). 753 der erste von den sieben 10 jährigen Archonten; 683 der erste jährige. Andere, wie sein Citat lehrt aus Philochoros entlehnte Ansätze gab Africanus im III. Buch, s. Euseb. praep. X 10. Synk. 131. Kedr. I 26, nämlich: von der ogygischen Fluth (1796) 189 jährige Oede bis Kekrops, dieser regiert 50, Kranaos 9 Jahre; Summe 248; ebenso viele von Mosis Auszug bis Deukalions Fluth. Also 1607 Kekrops, 1557 Kranaos, 1548 Amphiktyon. Ferner setzen viele Auszügler Kekrops in das 50., die deukalionische Fluth in das 77. Jahr des Richters Aod; indem Gelzer mit einigen von ihnen dem zweiten Vorgänger desselben, Gothoniel gemäss einer Lesart der Septuaginta 50 Jahre als Zahl des Afr. gibt, während Kedrenos, der einzige der bei Aod die richtige 80 st. 50 überliefert, und Pollux mit der besseren Ueberlieferung der LXX 40 schreiben, erhält er eine dritte attische Rechnung des Africanus: 1597 Kekrops 50; 1647 Kranaos 9. Dies streitet aber doch gegen alle Wahrscheinlichkeit. Allerdings scheinen 10 von den 490 Richterjahren des Afr. zu fehlen, wenn Gothoniel bloss 40 bekommt; aber Afr. hatte auch den Samegar in die Richterliste aufgenommen, für welchen eine besondere Regierungszeit im Deborahlied Richt. 5, 6 ausdrücklich anerkannt und Richt. 3, 31 stillschweigend vorausgesetzt wird: eine Spur des Sachverhalts findet sich in der confusen Angabe des Synkellos p. 331, Afr. habe das an den 450 Richterjahren des Ap. Paulus fehlende Jahr dem Samegar gegeben. Er gab es vielmehr dem Samanes, einem Lückenbüsser der letzten Richterzeit, welchen Synk. mit Samegar verwechselt hat. Die Auszügler, welche Samanes mit 1 J. gegen Africanus' bloss auf Erklärung gerichtete Absicht in dessen Liste aufgenommen haben, bringen in Folge dessen die Anzahl der Richterjahre unrichtig auf 491. Vielmehr setzte Africanus: 1692 Gothoniel 40. 1652 Eglon 18. 1634 Aod 80. 1554 Samegar 10. 1554 Jabin u. s. w., so dass Aod 27 bei ihm auf 1607 = Kekrops 1 bei Philochoros fiel, und während in dieser Rechnung er die Fluth Deukalions an das Ende des Kranaos brachte, hat er in der von Philochoros abweichenden Hauptrechnung den Namen Deukalions bei dieser Fluth gestrichen (Chron. d. Manetho 187. Gelzer Afr. 128) und sie als thessalische Fluth in das 1. Jahr des Kranaos gestellt.

3. Die Liste der peloponnesischen Könige. a. Die von Argos, später von Mykenai. Aus dem Barbarus erhalten wir: 1901¹) Inachos 50; unter ihm Moses geboren. 1851 Phoroneus 60; in seinem (vollendeten) 55. Jahr Mosis Auszug (= Africanus bei Synk. 118, und zwar 1020 Jahre vor Olymp. 1. s. u.). 1791 Apis 35. 1756 Argeios 70. 1686 Kriasos 56. 1630 Phorbas 35. 1595 Triopas 66. 1529 Krotopos 31 (XXXI, das erste X von gleicher Hand getilgt). 1498 Sthenelos 11. — 1487 Danaos 50. 1437 Lynkeus 41. 1396 Abas 23. 1373 Proitos 27 (schr. 17). 1356—1325 Akrisios 31. Proitos hat in allen Listen 17 Jahre: der Schreiber erkannte an der Summe, welche im Original angegeben war, dass er 10 Jahre zu viel gegeben hatte, und strich sie am unrechten Ort, bei Krotopos. Dass es sich so verhält, lehren die Summen der Inachiden und Danaiden, Synk. 234 ἔστι (χρόνος) κατὰ τοὺς πολλοὺς ἀπὸ μὲν τοῦ πρώτου Ἰνάχου ἕως τοῦ ἐνάτου Σθενέλου ἐτῶν υιγ'. τὸν δὲ Σθένελον Δαναὸς ἐκβαλὼν ἐκράτησε τοῦ Ἄργους, ὡς μαρτυροῦσι πάντες ἱστορικοί, σὺν ταῖς ἀπογόνοις ἔτη ρξδ'. ὁμοῦ ἔτη φοϛ' ἀπὸ Ἰνάχου ἐπὶ Ἀκρίσιον πέμπτον ἀπὸ Δαναοῦ βασιλέως. Diese ganze Stelle ist aus einem älteren Chronographen von Synkellos gedankenlos abgeschrieben: sein eigener Kanon zählt den Danaern nicht. wie man wegen μαρτυροῦσι πάντες ἱστορικοί erwarten sollte, 162 sondern 178 Jahre; aber Kastor, Eusebios, Pseudeusebios und (laut der angegebenen Correction im Barbarus) Africanus geben 162. Von den Hauptquellen des Synkellos ist, da auf Panodoros vermuthlich sein Kanon zurückgeht und mit Kastor Eusebios die Inachiden anders behandelt, zunächst an Africanus zu denken; für diesen beweist die Fortsetzung über Oinomaos, ferner der Schluss von Abschn. b oder 3, b und die Summe 575. Die Inachiden haben bei Kastor und Eusebios 382, bei Pseudeusebios 312, bei Synkellos selber 372, mit der in dem Excerpt angegebenen Summe 413 lässt sich bloss die bei obiger Correction aus dem Barbarus hervorgehende: 414 vereinigen; dasselbe Verhältniss findet sich bei der Jahrsumme aller Argoskönige: 544 geben Kastor und Eusebios, 478 Pseudeusebios, 550 Synkellos, dagegen 574 die Posten des Barbarus, nur um 1 Jahr verschieden 575 das Excerpt des

¹) Am Schluss werden 718 und 407, also im Ganzen 1125 Jahre von Inachos bis Olymp. 1 gezählt.

Synkellos.¹) Diese Abweichung erklärt sich aus einem bekannten Dualismus des Africanus, der aber nicht, wie bisher angenommen worden ist, 2 Jahre, sondern eines beträgt. Bei Eusebios praep. X 10 gibt er von der Ogyges-flnth bis zur 1. Olympiade 1020, von da bis Kyros und Ol. 55, 1. 560 217, von Ogyges bis Kyros 1237 Jahre, dagegen bei Synkellos p. 118—120 (ebenso Jo. Antioch. fr. 1 ohne Quellenangabe) von Ogyges bis Kyros 1235. Die 1237 beruhen, wie die Zahl 217 beweist und Trieber (den Gelzer mit Unrecht tadelt) erkannt hat, auf inclusiver Zählung statt 1236. Die um 1 Jahr höhere Rechnung ist auch beim Barbarus vorausgesetzt; in der von Synkellos vorgezogenen setzte Africanus die Fluth 1795, Inachos 1 also auf 1900; in den Posten ist die Differenz vielleicht bei Kriasos zum Vorschein gekommen, dem Synkellos in seiner eigenen Rechnung 55 Jahre gibt.

Die Fortsetzung des Barbarus ergibt auf den ersten Anschein folgende Data: 1325 Pelops 38. 1287 Atreus und Thyestes 45. 1242 Agamemnon 33; in seinem 18. Jahr Troias Fall. Dieser würde somit in 1224, nicht weniger als 27 Jahre vor 1197 liegen, oder es sind, da sich das nicht annehmen lässt, inzwischen 27 Jahre ausgefallen. Letzteres ist in der That der Fall. Synkellos, welcher mit der oben ausgeschriebenen Stelle offenbar eine Darstellung nicht seiner eigenen, sondern älterer Rechnungen beginnt, spricht in der Fortsetzung zunächst von dem Dynastiewechsel und von Pelops, dann schreibt er p. 235 ἐν δὲ τοῖς πρὸ αὐτοῦ ἔτεσι διαφωνεῖται ἔτη κζ΄. κατὰ Οἰνόμαον ἴσως ὑπονοούμενα, μεταπεθείσης τῆς ἀρχῆς εἰς Μυκήνας μετ' Ἀκρίσιον ἐπὶ Εὐρυσθέως. Eine solche Lücke ist nach Akrisios auch in Synkells eignem System, aber sie beträgt nur 3 Jahre (s. zu Ep. 1171), ferner in dem des Eusebios eine solche von 6 Jahren (Abr. 705—711), auch erwähnt keines von beiden den Oinomaos; wohl aber schreibt der Barbarus nach Akrisios: post hunc²) Pelops regnavit cum Nomann ann. XXXVIII. Den verlorbenen Namen hat Scaliger richtig hergestellt, aber den Sinn der Stelle nicht verstanden, wenn er cum Oenomao corrigirt: Pelops hat ja dem Mythus zufolge nicht mit Oinomaos zusammen regiert, sondern durch Besiegung

---

1) Eratosthenes gab den Inachiden und Danaiden 572 Jahre (1042 Inachos bis 1370 Perseus) oder ähnlich.
2) Verkehrter Zusatz wie p. 38 a 16. Vgl. S. 560.

desselben im Wettkampf die Regierung gewonnen. Das Original hatte also *μετ' (Ηρόμαον* gelautet, was der Uebersetzer in seiner Weise ganz richtig wiedergegeben hat: so schreibt er auch p. 16 Froneus regnavit cum Inachum (*μετ' Ίναχον*), vgl. p. 41 Latinus, cum quibus (*μεθ' ών* st. *μεθ' ὄν*) regnavit Eneas. Africanus meinte also, dass die leeren 27 Jahre mit Oinomaos als Vorgänger des Pelops in Pisa ausgefüllt werden könnten, setzte aber Oinomaos nicht in die Liste ein sondern erwähnte ihn (wie Nr. 3b Aristodemos) bloss nebenbei. Die Fortsetzung des Barb. ist demnach so zu datiren: 1325 (Lücke 27). 1298 Pelops 38. 1260 Atreus und Thyestes 45. 1215 Agamemnon 33; 1197 in seinem 18. Jahr Troias Fall; nachher regierte er noch 15. 1182 Aigisthos 7. 1175 Orestes 28. 1147 — 1125 Penthilos 22. Auf diese 200 Jahre 1325 — 1125 des Africanus beziehen wir Synk. 334 *ἡ τῶν Μυκηναίων ἀρχὴ κατελύθη, διαρκέσασα χρόνοις σ' κατά τινος, κατά δὲ ἄλλους ἥττονας*.

Der Barbarus oder vielmehr der von ihm übersetzte Chronist folgte für seine Person, wie aus seiner biblischen und italischen Rechnung bekannt ist, nicht dem Africanus, diesem entlehnte er nur, nicht ahnend, dass er zwei grundverschiedene Systeme contaminire, die auswärtigen Dynastien; seine troische Epoche ist die des Eratosthenes (s. Nr. 5), welche er denn auch, wo Africanus den Fall Troias erwähnt oder andeutet, gewaltsamer Weise auf dessen Rechnung zu übertragen sucht, so hier und Nr. 4; während in Nr. 2, wo eine solche Andeutung fehlt, die Rechnung des Africanus unangetastet geblieben ist. Demgemäss fügt er bei Agamemnon die Bemerkung ein: colliguntur nunc ab Ichano (d. i. Inacho) roge usque ad desolationem Solis quod est octavodecimo Agamemnonis anni septingenti XVIII. a Solis devastatione usque ad primam olympiadam anni CCCCVII. et Porfyrius autem in historia philosofiae sic dixit. Von Inachos 1 = 1901 v. Ch. sind in der That 718 Jahre bis 1183 und von da 407 bis Olymp. 1: hierauf stützt sich die Ansicht, welche dem Africanus die troische Epoche des Eratosthenes und Porphyrios beilegt; dass jedoch die Zahl 718 eine Fälschung ist, geht aus ihrem verkehrten Ergebniss hervor. Vom Falle Troias bis zum Ende der Dynastie, d. i. bis zur dorischen Wanderung liefern die Posten 72 Jahre und dass sie kritisch unantastbar sind, lehrt der Schluss: colliguntur vero Argiorum regna simul anni septingenti XC: denn jene 718 werden durch die 72 auf 790 erhöht. So wird denn die dorische Wanderung auf 1111 und ihr Abstand von Troia auf 72 Jahre gebracht, während Porphyrios jene auf 1103 gestellt und einen Abstand von 80 Jahren angegeben hat. — Gelzer ändert bei Pelops 38 in 59, bei Penthilos 22 in 32 um, beides ohne Gewähr für Africanus und das zweite auch in ungelöstem Widerspruch mit der Postensumme 72.

3, b. Die Könige von Sparta. Sie beginnen nach dem Barbarus im 20. Jahr Sauls, als ihre Jahrsumme gibt er 325 an, ihr Ende fällt in prima olympiada, in primo Achaz regi Judae in quo tempore prima olympiada a Grecis adducta est. Bei Africanus regiert Saul von 1120 an und Olymp. 1, 1 ist ihm = Achaz 1; die Dynastie regiert demnach in moderner Weise ausgedrückt 1100—775, nicht 1101—776: denn das 20. Jahr Sauls und das 1. des Achaz ist dem Sprachgebrauch des Barbarus gemäss vollendet zu nehmen und den Schluss einer Dynastie bezeichnet er mittelst Angabe ihres letzten vollen Jahres: das 325. Jahr ist Ol. 1, 1 = Achaz 1. So lässt er p. 45 a Astyages und die Meder Ol. 54, 4 endigen, nicht 55, 1, wo Kyros anfängt, indem er nach antiker Weise bloss mit ganzen Jahren rechnet: 54, 4 ist das letzte des Astyages, 55, 1 das erste des Kyros; nach moderner Datirungsweise herrscht Astyages bis in 55, 1. So regieren die Lyderkönige a principio primae olympiadis und man sollte daher, weil er ihnen 232 Jahre gibt, als ihr Ende Ol. 59, 1 (544) genannt zu finden erwarten, er setzt es aber in olympiada LVIII. Vgl. ferner p. 45 a 21. 42 a 12. 41 a 27. Die Datirung im Einzelnen ist also: 1100 Eurysthenes 42. 1058 Agis 2 (schr. 1). 1057 Echestratos 34 (Compensationsfehler st. 35). 1022 Labotas 37. 985 Doryssos 29. 956 Agesilaos [30. Cemenelaus] 44. 912 Archelaos 60. 852 Teleklos 40. 812—775 Alkamenes 27 (schr. 37). Die behufs Herstellung der Summe 325 gemachten Aenderungen beruhen zunächst auf den Listen des Eusebios und Synkellos, welche ebenfalls die Summe 325 haben, wie auch nicht bloss sie sondern alle Königsverzeichnisse von Sparta Archelaos zum unmittelbaren Nachfolger seiner Vaters Agesilaos machen. Zur Bestätigung dient Malala p. 90 ἐβασίλευσι τῶν Λακεδαιμονίων πρῶτος Εὐρυσθεύς (Barb. Erystheus) ἔτη μβ΄ καὶ ἄλλοι βασιλεῖς μετ᾽ αὐτὸν ἠ. ὁμοῦ ἐβασίλευσαν ἔτη σμς΄ καὶ ὁ Ἄλκμαινος (Barb. Alcamanus) ἔτη λζ΄. καὶ κατέμεινεν ἡ βασιλεία Λακεδαιμονίων τὰ πάντα ἔτη ηκέ' (42 + 246 + 37 = 325), ὡς Ἀφρικανὸς ὁ σοφώτατος συνέγραψατο. Um die andere Summe 350 (s. u.) herauszubringen und den Cemenelaus zu retten, erklärt Gelzer die Zahlen 246, 37 und 325 für falsch und verwandelt die 27 des Alkamenes bei dem Barbarus mit Brandis in 32. beruft sich aber doch wieder auf Malala's η' als Beweis der Aechtheit jenes eingeschobenen Königs, ohne welchen der ungenannten Könige bloss 7 sein würden. Malala hat nur den Fehler begangen, den letzten König, welcher in seiner Vorlage mit eingezählt war, von seinen Vorgängern zu sondern, weil er dessen Regierungsjahre besonders vermerkt fand und das ἕως derselben missverständlich im exclusiven Sinn nahm: jene hatte wahrscheinlich ähnlich gelautet wie Mal. 161 ἐν Μακεδονίᾳ πρῶτος ἐβασί-λευσεν ὁ Κραναὸς καὶ λοιπὸν ἐβασίλευσαν ἄλλοι κγ' (ohne Philippos nur 22) ἕως Φιλίππου; 68 τῶν Σικυωνίων ἐβασίλευσε πρῶτος ὁ Αἰγιαλεὺς ἔτη ν,δ' καὶ τὸ λοιπὸν ἄλλοι βασιλεῖς κς' (ohne Zeuxippos 25) ἕως Ζευξίππου τοῦ βασιλεύσαντος αὐτῶν λϑ'; indem er in Folge dessen die Zahl 37 des Alkamenes von 283 abzog, erhielt er 246. Genau denselben Fehler macht er p. 90 τῶν Κορινθίων ἐβασίλευσε τότε Ἀλήτης ἔτη λε' καὶ ἄλλοι βασιλεῖς ια' (vielmehr 10) ἔτη σοζ (schr. σπζ) καὶ ὕστερον ἐβασίλευσιν* (Αὐτομένης einzusetzen) ἔτος α'. κατέσχε δὲ ἡ βασιλεία Κορινθίων τὰ πάντα ἔτη τιγ' (schr. τκγ'). Auch diese Zahlen stammen aus Africanus. Nach dem Barbarus bestand die Dynastie 323 Jahre lang vom 21. (so Gelzer, die Hdschr. 31.) Jahr Sauls bis zum 15. (Gelzer statt 16.) Jothams; es regierten also 1099 Aletes 35. 1064 Ixion 37. 1027 Agelas 37 (cod. 33). 990 Prymnis 35. 955 Bakchis 35. 920 Agelas II 30 (cod. 34, compensirend). 890 Eudemos 25. 865 Aristomedes 35. 830 Agemon 16. 814 Alexandros 25. 789 Telestes 12 (cod. 9, compensirend). 777 Automenes 1 (cod. 4). 776 die jährigen Prytanen. Summe und Posten wie bei Eusebios. Gelzer behält die Fehler des Barbarus bei und fügt am Schluss noch den spartanischen Automedos (s. u.) mit seinen 25 Jahren hinzu, um entsprechend den 350 der Spartaner 348 für die Korinther zu gewinnen.

Der Cemenelaus des Barbarus ist, wie Scaliger gesehen hat, aus καὶ Μενέλαος hervorgegangen und von Brandis, Gelzer, Rohde in verschiedener Weise benützt worden, um die vermeintliche Lücke in Diodors Liste, welche irrig (s. zu 1183 und 1136) auf Apollodoros zurückgeführt wird, zu ergäuzen, obgleich sich nicht leicht annehmen lässt, dass ein alter Chronograph zwischen der 60jährigen Regierung des Archelaos und der 44- oder 30jährigen seines Sohnes noch einen König mit 30 (44) Jahren eingeschoben haben würde. Die Unächtheit dieses Postens geht schon aus seiner Form hervor: die ächten Regenten werden in den Listen des Barbarus in derselben Weise wie in andern Tabellen asyndetisch ohne Conjunction angeschlossen, deren Dienste durch die Eröffnung einer neuen Zeile, in vielen zugleich durch den Vortritt einer Ordinalzahl überflüssig gemacht werden. Der Interpolator erinnerte sich in seiner Afterweisheit, dass auch der Gemahl der Helena König von Sparta gewesen war, und schrieb daher den vermissten am Rande hinzu, ausgestattet mit der runden Regierungsjahrzahl 30, welche der letzte Schreiber mit der des Agesilaos (44) vertauscht hat, ein Versehen welches ihm öfter begegnet ist, vgl. Nr. 2.

Zwischen dem Ende der Mykenaier (1125) und dem Anfang der Spartaner (1100) klafft nunmehr eine Lücke von 25 Jahren. Hiemit hängt es zusammen, dass der Barbarus am Schluss noch eine zweite Dynastiesumme bringt, welche gerade um 25 Jahre höher ist als die erste (325): simul reges Lacedemoniorum permanserunt in regno annos CCCL, ferner dass ihr als angeblich eilfter und letzter König ein Automedus mit abermals 25 Jahren voraufgeht. Die älteren Chronologen haben, wie zu 1136 1171 1183 1096 gezeigt wird, die dorische Eroberung der Peloponnesos nicht auf einen Schlag vor sich gehen lassen: mit gutem Bedacht nahmen sie an, dass der Landvertheilung und damit den neuen Städte- und Dynastiegründungen ein langer Krieg vorausgegangen war, während dessen die Eroberung in successiver Weise erfolgte; die Dauer dieser Uebergangszeit wurde verschieden bestimmt; 25 Jahre finden wir zuerst von Sosibios ihr beigelegt. Africanus setzte also 1125—1100 den dorischen Krieg; im Text wird er ähnlich wie in der argivisch-mykenäischen Liste eine Lücke von 25 Jahren gelassen und zuletzt in einer Anmerkung wie dort Oinomaos so hier Aristodemos, den Vater des Eurysthenes und Prokles, als Lückenbüsser vorgeschlagen haben.

4. Die Assyrerliste des Barbarus enthält kein sicheres Anzeichen africanschen Ursprungs; da aber von den in der jüdischen, dem Ex-

cerptor eigenen Chronographie wiederkehrenden Listen abgesehen alle
bloss in der Dynastientafel vorkommenden Verzeichnisse, deren Ursprung
sich nachweisen lässt, auf Africanus zurückgehen, so entsteht die Präsumption, dass dies auch bei den andern der Fall sei. Die angegebene
Jahrsumme 1430 ist verdorben; die Posten ergeben 1377 oder vielmehr,
da Atossa, welche im Barbarus 23 Jahre hat, von Eusebios als Mitregentin ihres Vaters Belochos II bezeichnet und diese Eigenschaft auch
in Kephalions Auszug aus Ktesias (Euseb. I 62, 16) und von Synkellos,
wie wir aus ihrer Nichteinzählung schliessen, vorausgesetzt wird, nur
1354; dass der Barbarus sie besonders zählt, ist ähnlich zu erklären
wie sein post hunc (S. 555). Ferner sind bei den letzten Königen, wie
Brandis, de temporum graec. antiquissimorum rationibus p. 34 gezeigt
hat[1], 10 Jahre abzustreichen, um den zwischen der troischen Epoche
1183 und dem Schlussjahr 843 nöthigen Abstand von 340 Jahren zu erreichen, wodurch sich die Postensumme auf 1344 verringert. Statt 1430
ist also mit Karl Müller und Brandis 1340 zu schreiben und zu diesem
Behuf noch irgendwo ein Abstrich von 4 Jahren zu machen. Bei Africanus beginnt der Meder Arbakes, welcher das assyrische Reich stürzte,
829 (Barb. 45 a); hat jener 1340 Jahre gezählt, so setzte er den
Anfang des ersten Königs Belos auf 2169; die Posten des Barbarus ergeben von ihm bis zum Ende des Königs Tautamos, in dessen letztes
Jahr Ktesias die Eroberung Troias verlegte, 972 Jahre, wodurch sie in
1197 v. Ch. gebracht wird, also genau in das Epochenjahr des Africanus.
Die erwähnte Präsumption erscheint hiemit gerechtfertigt und das Zuviel
von 4 Jahren ist bei einem König nach Tautamos zu suchen.

Die Erwähnung der troischen Epoche veranlasste den Excerptor
wieder zu einer auf Herstellung des Datums 1183 berechneten Interpolation. Die zu Tautamos gehörende Note: anno isto tricensimo secundo
(Tautamos regierte 32 Jahre) confixus est Sol ab Acheis schob er um
eine Stelle herab, zum nächsten König Teutaios (mit 40 Jahren); eine
offenbare Fälschung, denn die Assyrerlisten gehen auf Ktesias zurück und
dass Tautamos der König war, welcher sich durch ein Entsatzheer am
Troerkrieg betheiligte, stand aus ihm ebenso fest wie die Theilnahme

---

[1] Er gibt dem Sardanapallos mit den andern Listen 20 Jahre statt 30.

Agamemnons aus Homer. Dadurch rückte die Epoche zunächst um 32 Jahre herab, d. i. um 18 Jahre zu tief, von 1197 auf 1165. Andrerseits entnahm er aus einem andern Chronisten das Datum, welches er dem Ende der Assyrerdynastie gibt, 67 Jahre vor Ol. 1, das jener z. B. bei Eusebios I 53. 189 finden konnte; es liegt 14 Jahre vor dem des Africanus. Damit war sein Zweck bereits erreicht: denn ein König hatte in Folge eines von ihm vorgefundenen Fehlers 4 Jahre zu viel, z. B. der von Africanus aus Kastor entnommene letzte, Ninos II. kann statt 19 ursprünglich 15 gehabt haben: Ε und Θ tauschen oft miteinander. Statt 368 Jahre (1197—829) erhielt er dann, da 10 ein Schreiber aus Versehen hinzugefügt hat. 340 (1183—843).

Ninos I beginnt in dieser Rechnung 2107, also 311 Jahre vor der Ogygesfluth und dem Auszug Mosis, übereinstimmend mit Africanus bei Synkell. 119 πρῶτος ἦρξε Νίνος ἁπάσης τῆς Ἀσίας πλὴν Ἰνδῶν ἔτεσι τριακοσίοις οὐ πολὺ πρότερον Ὠγύγου: denn der corrupte Text dieser Stelle meint doch wohl: nicht viel über 300 J. früher als Ogyges; nach τριακοσίοις ist καὶ einzusetzen. Mit Unrecht schliesst hieraus Gelzer. Afr. habe mit Ninos angefangen und den Belos, welchen der Barbarus mit 62 Jahren vor ihm nennt, nicht oder wenigstens ohne Jahrzahl genannt: er bezeichnet Ninos nicht als ersten Assyrerkönig überhaupt sondern als ersten Eroberer und Weltherrscher. Unbrauchbar ist Synk. 236 οὔ μοι δοκεῖ καλῶς ὁ Ἀφρικανὸς ἐν γ' λόγῳ τῶν ἱστορικῶν αὐτοῦ φάναι τὴν Ἀφρικανων βασιλείαν τῷ δ' ἔτει τῆς Ἀσσυρίων βασιλείας ἄρξασθαι ἐπὶ Ἀρείου πέμπτου βασιλέως Ἀσσυρίων. Das 200. Jahr der Assyrer fällt allerdings, den Belos mitgezählt, in die Zeit des 5. Königs Areios; aber dieser regiert nach obiger Rechnung 1975—1945, nicht 1901, wo Inachos anfängt. Dieses Jahr ist das 270. seit 2169; Africanus hat also σο' geschrieben, Synkellos aber den Fehler σ' schon vorgefunden und während Afr. bloss die Jahrzahl angegeben hatte, Namen und Zahl des Königs selbst hinzugefügt.

Gelzer sucht bei dem Barbarus Kastors Rechnung (über diese s. zu 1171), die des Africanus aber bei Pseudeusebios, welcher ebenfalls den Ninos II hinzufügt. Auf Grund der eben angeführten corrupten Synkellosstelle lässt er Ninos I 2100 v. Ch. beginnen, 1271 Jahre vor dem Ende der Dynastie (829) und gewinnt diese Summe aus dem falschen Eusebios, indem er die 1196 Jahre der von diesem angegebenen Posten durch Hinzufügung nicht blos der in der That ausgefallenen Könige Armamithres mit 38 und Sosares mit 20 sondern auch der Mitregentin Atossa mit 17 Jahren (so Eusebios im 1. Buch) auf 1271 bringt. Der Ausfall beträgt jedoch nicht 75 sondern 100 Jahre: die Posten liefern 1441, die angegebene Summe ist 1541 Jahre, welche durch das Anfangsdatum des ersten Königs Belos, Weltjahr 3239 und die Datirung des letzten, Asarhaddon gesichert ist; aus den Synchronismen dieses Königs und der andern Nachfolger des Ninos II mit den Königen Juda und Israel bei Pseudeusebios geht mit Sicherheit hervor, dass jene 100 Jahre zwischen Belos und Ninos II ausgefallen sind. Ueberhaupt ist es nicht erweislich, dass dieser Chronograph auf Africanus fusst: was Gutschmid in diesem Sinn anführt, die Gleichung von Ol. 1, 1 mit Weltj. 4725 (bei Afr. vielmehr 4727) beruht auf den vom Vf. selbst zur Begründung beigebrachten Elementen: Christi Tod Weltj. 5533 (Afr. 5532) und Ol. 202, 4 (Afr. 202, 2); das letzte Jahr voll nehmend erhielt er 202 Olympiaden = 808 Jahre, welche von 5533 abgezogen 4725 ergaben. Ebensowenig stammt seine Rechnung der letzten jüdischen Könige aus Africanus: dieser zählt dem Herodes 34, Pseudeusebios 26 Jahre.

5. Die italische Rechnung. Nach Synkellos p. 400 hätte Afr. von Brutus bis zu den Consuln von 221 n. Chr. 725 Jahre gezählt, also die ersten Consuln 504 v. Chr. gesetzt, was zu seinen Angaben über die römischen Könige nicht passt. Gelzer corrigirt 727, aber ein zweiter gegen 504 sprechender Grund trifft auch das Jahr 506: die unverdächtigen Consulnlisten bringen, je nachdem sie 2 oder 3 Decemvirn —, 4 oder 5 Anarchiejahre zählen, das erste Consulat nur in 510, 509 oder 508. Aus paläographischen Rücksichten empfiehlt es sich, eine Vertauschung von E und H anzunehmen: mit 729 Jahren erhalten wir 508 v. Chr. Den römischen Königen geben die Auszügler theils 245 Jahre, so Leon und Theodosios, welchen G. folgt; theils 243: so Symeon Logotheta in der Pariser Hds. fol. 70 b laut Mittheilung des der Wissenschaft vor der Zeit entrissenen Ad. Laubmann, Kedrenos u. a. Auszügler. Da die Listen der guten Ueberlieferung 239—244 Jahre bieten, so ziehen wir 243 vor und erhalten für Roms Gründung 751 v. Ch. Von Aineias bis dahin waren κατ' Ἀγχίσαρον καὶ Κάστορα καὶ (Εὐσέβιον) τὸν Παμφίλου ἔτη ζ καὶ ί καὶ υ'

verflossen, Laur. Lydus de magistrat. I 2. Diese Zahl gehört (was G. wegen seiner Ansicht von dessen troischer Epoche bezweifeln musste) dem Kastor, s. zu 1171; Eusebios gibt im I. Buch 427, im Kanon 426 Jahre; auch Africanus muss, weil er Troias Fall viel früher setzte als Kastor, eine höhere Zahl als 417 gehabt haben. Vielleicht stimmte sie mit Eusebios und zwar mit dessen erster Zahl, so dass ihm der Anfang des Aeneas 1178 v. Ch. fiel, was im Datum auch zum Kanon stimmt (Abr. 839). Dann zählte er von Troia (1197) bis dahin 19 Jahre. So viele gibt in der That der Barbarus; seine Rechnung freilich ist nicht die des Africanus, aber auch keiner anderen Ueberlieferung entlehnt, sondern willkürlich auf die troische Epoche 1183 zugestutzt, um von ihr auf das verkehrte Datum des Brutus 512 v. Cb. (so Hieronymus zu Abr. 1507, Malala p. 188, Kedrenos I 289) zu gelangen.

Der Barbarus gibt den Latinern 402, den Römern 251, zusammen 653 Jahre, welche mit Ol. 66, d. i. in Ol. 67, 1. 512 ablaufen und Aeneas auf 1165, Romulus auf 763 bringen. Diese Rechnung bringt er sowohl in der Dynastientafel als in der jüdischen Chronographie, die Zahlen der letzteren aber entsprechen dem bis Africanus herrschenden System, welches die im 1. Jahr Kyros' ablaufenden 70 Jahre der babylonischen Gefangenschaft mit der Zerstörung Jerusalems anfieng und diese demgemäss auf 630 v. Chr. stellte; mit den in der Bibel angegebenen 475—476 Königsjahren brachte sie Davids Anfang auf 1105 oder 1106. Dem entspricht es, dass Barb. 27 a mit Olymp. 1, 1 das 11. (Africanus das 1.) Jahr des Achaz gleicht; die Abweichungen von der Bibel, welche manche seiner Königszahlen aufzeigen, sind als Schreibfehler zu behandeln: von der Heil. Schrift abzuweichen erlaubte sich kein Chronist. Sauls 20 Jahre beginnen also 1125 oder 1126, die 20 des Samuel 1145 (1146), die gleichen des Eli 1165 (1166). Deswegen konnte er in der Dynastientafel (vgl. Nr. 1) schreiben: regnavit Eneas nono et decimo post devastationem Solis in diebus Heli et Samuhelis; das (vollendete) 19. Jahr seit 1183 ist 1164; von den 38 Jahren, welche er Aeneas gibt, kommen also 18—19 auf Eli, die übrigen auf Samuel. Wenn er gleichwohl in der jüdischen Chronographie die Zerstörung Troias unter Eli setzt, welchen er doch erst 17—18 Jahre nach 1183 zur Regierung kommen lässt, so erhellt, dass er diesen Synchronismus blindlings einem fremden System entlehnt hat; er kanute aber, wie seine gedankenlose Entlehnung der Nebendynastien aus Africanus beweist, ausser dem in seiner Hauptrechnung adoptirten kein anderes als eben das des Africanus. Daraus schliessen wir, dass er die 19 Jahre diesem entnommen hat.

II. Die Epoche 1197 befolgte der Chronograph, welchem Velleius, Abydenos u. a. das Datum 843 für den Ausgang der Assyrer und den Anfang des Arbakes verdanken (S. 548). Ferner vielleicht Trogus Justin. XVIII 3 Tyron urbem ante annum Troianae cladis constituerunt, vgl. zu 1153 und 1096. Carthagos Gründung, 38 J. vor Ol. 1 nach Timaios bei Dionys. ant. Rom. I 74, fand 144[1]) Jahre 8 Monate nach der Betheiligung des Königs Hirom von Tyros an Salomons Tempelbau, diese 240[2]) Jahre nach der Gründung von Neutyros, letztere also 1198 v. Chr. statt, Josephos antiq. VIII 3, 1; g. Apion I 17—18. Vgl. zu Ep. 1147.

Manetho erklärte Thuoris, den letzten König der XIX. Dynastie und des II. Tomus für den Polybos der Odyssee, dessen Gastfreund Menelaos wurde, und liess ihn 1202—1195 regieren. Um auch bei ihm die (von Eratosthenes, vgl. S. 539, also erst nach Manethos Zeit geschaffene) Epoche 1183 nachweisen zu können, lässt Gelzer den III. Tomus trotz der übereinstimmenden Ueberlieferung beider Zeugen, des Africauus und Eusebios mit Dyn. XIX beginnen und sucht auf diese Weise die handschriftliche Jahrsumme dieses Tomus: 1050, bei welcher sein Anfang auf 1395 v. Chr. zu stehen käme, gegen Boeckh's Verbesserung 850 zu schützen. Er vergisst jedoch, dass diese Aenderung durch den cyklischen Charakter der ganzen Rechnung nothwendig gemacht wird (Chronol. d. Man. 64) und kann auch nach Einbeziehung der XIX. Dynastie in diesen Tomus die Summe 1050 nur dadurch erreichen, dass er der XXI. Dynastie auf Grund der zum Theil verdorbenen Posten 114 Jahre gibt, während die Angabe der Summe bei Africanus und Eusebios übereinstimmend auf 130, bei Pseudeusebios auf 131 lautet. Und auf welchem Zeugniss beruht jene Verlegung der XIX. Dynastie in den dritten Tomus? Lediglich auf den Worten des Barbarus: usque ad septimam decimam potestatem secundum

---

1) 143 J. 8 M. zählt Josephos, aber beim 12. Jahr Hiroms; hieran ist eines zu fügen, weil die 240 vom 11. Jahr Hiroms zurückzählen.
2) Nur cod. N der armen. Uebers. des Eusebios (Abr. 745) 241; Chron. pasch. p. 148 τεσσαρακοστῳ πεμπτῳ καὶ ἑκτῳ scheint verschrieben aus διακοσιοστῳ τεσσαρακοστῳ.

scribitur [1] tomum, ut docet numerum habentem annos mille quingentos XX, welche nach Gelzer auf das Ende des ganzen zweiten Tomus gehen, obgleich für diesen die Jahrsumme 2121 feststeht, von der XVII., nicht der XIX. oder XVIII. Dynastie die Rede ist und die Form der Schlussbemerkung zum ersten Tomus (hec finis de primo tomo Manethoni habens tempora annorum duo milia C) von der hier vorliegenden verschieden ist. Die auffallende Thatsache, dass der Barbarus den dritten Tomus gar nicht hinzugefügt hat, wird erst daraus begreiflich, dass auch der zweite nicht zum Ende geführt ist. Jene 1520 Jahre führen in der That bis zum Ende der XVII. Dynastie (Chron. d. Man. 70) und, da der zweite Tomus und Dyn. XII im J. 3314 anhebt, bis zum Jahr 1795, dem Anfangsjahr des Amosis, zugleich dem Jahr der ogygischen Fluth und nach Africanus auch des Auszugs Mosis. Mit diesem grossen Epochenjahr der ägyptischen, hellenischen und biblischen Geschichte begann er, laut seiner eigenen Erklärung bei Euseb. praep. X 10, die synchronistische Behandlung der jüdischen Geschichte, indem er von hier an die profanen Gleichzeitigkeiton an Ort und Stelle beifügte; die früheren Data der auswärtigen Geschichte fand sein Leser in den vorher mitgetheilten Dynastieverzeichnissen. Der vom Barbarus übersetzte Excerptor hat nur die an éinem Ort zusammengestellten ägyptischen Dynastien I—XVII ausgezogen; die Mühe, von 1795 ab an 13 verschiedenen Orten die späteren zusammenzusuchen, hat er sich erspart. Weiter hat G. weder die Beweise (Man. 169 ff.), welche den Anfang der XVIII. Dynastie auf 1795 bringen, berücksichtigt noch den Umstand, dass jenes auffallend hohe, von Africanus nur durch gewaltsame Hypothesen erzielte Datum des Auszugs Mosis sich eben nur aus seinem Synchronismus mit dem Untergang der Hyksosherrschaft, welche den Uebergang von der XVII. Dynastie zur XVIII. und zu Amosis bildet, erklären lässt, und wenn er, um diesem Einwand zu entgehen, meint, Africanus habe auf Manetho gar keinen sonderlichen Werth gelegt, so setzt er sich nicht nur mit aller Wahrscheinlichkeit sondern auch mit seinem eigenen Versuch, für Manetho dieselbe troïsche Epoche zu erweisen wie für Africanus, in Widerspruch und muss trotzdem auch im concreten Falle (Afr. 207) zugestehen, dass bei Africanus die Könige der

---

[1] D. i. τὸν δεύτερον ἀναγράφεται τόμον, näml. ὁ Ἀφρικανός.

XVIII. Dynastie in der von mir bezeichneten Zeit angesetzt sind, was bei der 'redlichen' Weise des Africanus eben doch nur aus Vorgang desjenigen Aegypters erklärt werden kann, von dessen Werk allein er einen Auszug veranstaltet hat.

Zum Schluss noch eine Probe. Armais, welchen Eusebios u. a., ohne Zweifel nach dem Beispiel des Africanus, mit Danaos identificiren, regiert nach dem Manetho des Africanus (in d. Chron. d. Man. 157 fg. mit C bezeichnet) 1496—1491; dazu stimmt, dass Danaos bei Africanus 1487 bis 1437 in Argos regiert[1]); ähnlich Eusebios, bei welchem die Zeit zwischen seinem Sturz in Aegypten und der Thronbesteigung in Argos 9 Jahre ausmacht. Bei Gelzer wird Armais 1410 gestürzt, 66 Jahre vorher aber Danaos in Argos zum König erhoben.

1193 bei Thrasyllos.

Eine Reihe Data von 1533 bis 776, welche auf dem troischen Datum 1193 beruhen, verzeichnet Clemens strom. I 335, vgl. Müller fr. hist. III 602 und oben zu Epoche 1290. Ueber Kastor s. zu 1171.

1183 Eratosthenes, Apollodoros.

Bei Clemens strom. I 336 zählt Eratosthenes von Troias Einnahme (1184 3) bis zur Herakleidenheimkehr 80 Jahre (1104,3); von da bis zur Gründung Joniens 60 (1044/3); weiter bis zur Vormundschaft Lykurgs 159 (885/4); bis zum Vorjahr der ersten Olympienfeier 108 (777 6). Von dieser Olympienfeier (1, 1. 776/5) bis zu Xerxes Heerfahrt 297 (75, 1. 480 79); von dieser zum Anfang des peloponnesischen Krieges 48 (87, 1. 432/1), zu seiner Beendigung und der Niederlage der Athener 27 (93, 4. 405/4), zur Leuktraschlacht 34 (102, 2. 371/0); nach ihr zum Ende Philipps 35 (111, 1. 336/5), darnach zum Abscheiden Alexanders 12 (114, 1. 324 3). Die zu Grunde gelegte Jahrform ist die attische: nur bei ihr konnten auf Alexanders Regierung (12 Jahre 10½ Monate. Philol. XLI 83) 12 statt 13 Jahre gezählt werden. Die den Alten geläufige inclusive Zählungsweise, welche beide Grenzjahre einrechnet, lässt

---

[1] Dadurch bestätigt sich die Theilung der 576 (575) Jahre in 414 (413) der Inachiden und 162 der Danaiden, s. I 3, a.

sich, wenn wie hier eine ganze Reihe von Abständen vorgeführt wird, nur bei dem ersten anwenden; die auffallende Erscheinung, dass sie hier vielmehr bei dem fünften Intervall (776—480) angewendet wird, erklärt sich daraus, dass die alten Chronologen, wie Varro bei Censorinus 21 angibt, zwei grosse Zeiträume unterschieden: einen mythischen und einen historischen; ihre Grenze bildete die erste Olympienfeier. Troias Fall war nur eine späte Epoche des ersteren, Eratosthenes verzeichnete auch die fabelhaften Könige aller Reiche, welche lange vor jenem anhoben; das troische Datum bildet also nur eine Fortsetzung und ist daher in exclusiver Weise berechnet.

Zuerst benützt findet sich das neue System in der bis 144 v. Chr. geführten Chronik, von welcher Skymnos 23 ff. spricht, für die troische Epoche; dann von Aristarchs Schüler Aristodemos aus Elis und von Polybios für die Behauptung, dass die Olympienstiftung Lykurgs 884 falle, Synkell. 370. Um 70 (Philologus XLI 602 ff.) schrieb der Grammatiker Apollodoros aus Athen eine metrische Bearbeitung desselben (Plutarch. Lyk. 1. Solinus 1), welche selten (nachweislich nur in Ansehung Homers) Abweichungen, wohl aber Zusätze und eine Fortsetzung bis in seine Zeit enthielt und selbst wieder von Cornelius Nepos und Diodoros ausgeschrieben, von Lutatius Daphnis (bei Solin. 1), Cicero, Plutarchos, Clemens von Alexandreia, den zwei pseudoplutarchischen Homerbiographien, Proklos u. a. benützt wurde[1]). Als Anhänger (ant. rom. I 73), dann als Bearbeiter und Fortsetzer der eratosthenischen Chronographie trat unter Augustus Dionysios von Halikarnassos auf[2]), der auch die Fortsetzung Apollodors nicht verschmähte. Manche haben die drei Hauptepochen der halbhistorischen Zeit: Troias Fall, die dorische und ionische Wanderung nach Eratosthenes oder Apollodoros bestimmt, im Uebrigen aber sich

---

1) Wie Eusebios dazu gekommen ist, das Datum von 1184/3 auf 1182/1 zu bringen, erklärt Gutschmid, de temporum notis quibus Eusebius utitur in chron. can. 1868.

2) Da er 1 64 das Jahr der troischen Epoche als ein Schaltjahr behandelt (S. 35*), so haben manche, Metons Cyklus voraussetzend, dasselbe für 11×5/4 erklärt; das Richtige gibt Em. Müller Jahrbb. 1869 S. 800. Eratosthenes, gestorben um 194, verbesserte die Oktaeteris, ist also wahrscheinlich Schöpfer des (oder eines) Schaltkreises, welcher durch Weglassung eines Schaltmonats in je 160 Jahren die Oktaeteris auf Jahrhunderte hinaus lebensfähig machte: in diesem musste 1184/3 mit 824/3 correspondiren, weil die Entfernung 6 mal 160 Jahre beträgt; in letzterem Jahre aber fiel bei richtigem Kalendergang der 23. Skirophorion auf den 9. Juni 823, welcher genau wie dasselbe attische Datum bei Dionysios 17 Tage vor der Wende lag.

freie Hand behalten: so z. B. Velleius[1], welcher den Tod des Herakles nicht mit letzterem 53 sondern 40 Jahre vor Troias Zerstörung setzt. Wenn Varro bei Censorinus 21 von Troia bis Olymp. 1 paulo plus CCCC (annos) zählt, so geht offenbar auch er von dem Datum des Eratosthenes aus, doch liegt, was gewöhnlich verkannt wird, dem Intervall CCCCVII. welches er ebend. als das von Eratosthenes aufgestellte bezeichnet, eine andere als die attische Jahrform zu Grunde. Von 1184 3 bis 776,5 sind attisch 408 Jahre, 408 gibt auch Diodoros I 5 und derselbe bei Euseb. I 221 aus Apollodoros an. Wer aber nach römischer Weise das Jahr mit dem 1. Januar oder auch mit Roms Gründungstag 21. April anfieng und jene Epochendata auf dasselbe übertrug, der erhielt von (Juni) 1183 bis (August) 776 nur 407 Jahre. Dieselbe Zahl erhielten diejenigen, welche wie die Bewohner Syriens und Kleinasiens das Jahr nach makedonischer Weise im Herbst (um 1. Oktober) oder wie später die Byzantiner mit dem 1. September anfiengen. Daraus erklärt es sich, dass Tatianus 41, Porphyrios bei Eusebios I 189 und andern, Charax bei Suidas Ὑμηρος und der Chronist von 886 bei Cramer An. par. II 188 ebenfalls 407 angeben, Porphyrios sogar unter Berufung auf Apollodoros: Tatian war laut seiner eigenen Erklärung (c. 41) γεγενη-ϑεὶς ἐν τῇ τῶν Ἀσσυρίων γῇ, Porphyrios ein Tyrier, die zwei zuletzt genannten citiren den Porphyrios und schreiben zur Zeit des Septemberneujahrs. Aus der syromakedonischen Jahrepoche erklärt es sich auch, dass Porphyrios bei Eus. I 249 die Thronbesteigung des Seleukos, geschehen im Frühjahr 312 nach der Schlacht bei Gaza, in Ol. 112, 1 (ihm Oktober 313 bis Oktober 312) und ebend. I 231 die Regierung der Olympias, Herbst 317 bis Frühj. 316, in Ol. 116, 1 = Kassanders erstes Jahr setzt.[2]) Jedoch ist solche Rücksicht auf die Verschiedenheit der

---

1) Er setzt die dorische Wanderung 80 Jahre nach Troia; da er, wie Kritz erwiesen hat, II 49, 2. 65, 2 u. a. für Roms Gründung Ol. 7, 2. 751 voraussetzt und seine Handschrift viele Zahlenfehler enthält, so ist unbedenklich in seinem Datum des Romulus I 6 septima (statt sexta) olympiade post V (st. II) et XX annos und post Troiam annis CCCCXXXIII (st. CCCXXXVII) zu schreiben.

2) Gleiches gilt aus gleichem Grunde für Phlegon (Akad. Sitzungsb. München 1882. I 302) und Kastor (s. zu 1171): die dorische Wanderung setzt dieser und Porphyrios 1103 (d. i. 1104/3 beginnend mit Oktober), Eratosthenes 1104 (d. i. 1104/3 beginnend mit Juli), die ionische fällt bei jenen 1043, bei diesem 1044. Vgl. über Ephoros zu 11,16.

Jahrepoche nicht von allen Römern und Asiaten, auch meist nur da geübt worden, wo das Monatsdatum eines Ereignisses beachtet wurde: in anderen Fällen ist Porphyrios von der Olympiadenzählung älterer Schriftsteller wohl ebenso wenig abgegangen, als dies Africanus und Eusebios gethan haben, welche für ihre Person und in der von ihnen selbständig bearbeiteten Geschichte ebenfalls das syromakedonische Jahr voraussetzen.

Den Anfang des Inachos setzte Eratosthenes, wie p. 549 aus Clemens' Angabe über Ktesias geschlossen wurde, auf 1942 oder 1941. Ebendahin verlegt Clemens a. a. O. den Auszug Mosis; und der nämliche schreibt strom. I 321 = Eus. praep. X 12: 'Moses findet sich 604 Jahre vor der Gottwerdung des Dionysos, wenn anders diese, wie es in Apollodors Chronik heisst, in das 32. Jahr des Perseus fällt. Von Dionysos bis zu Herakles und den Argonauten ergeben sich 63 Jahre; von der Argofahrt[1]) des Herakles bis zu seinem und des Asklepios Gottwerden 38 nach dem Chronographen Apollodoros. Von hier bis zu Kastors und Polydeukes Apotheose 53 Jahre; hier ungefähr (*ἐνταῦθά του*) auch die Einnahme Ilions.' In der Ilias *I'* 243 glaubt Helena irrig, ihre Brüder seien noch am Leben; Apollodoros setzte also ihren Tod in den Anfang von 1184/3 oder in 1185/4, das 32. Jahr des Perseus 154 Jahre vorher auf 1338 oder 1339, Mosis Auszug und Inachos 604 Jahre früher bei inclusiver Zählung auf 1941 oder 1942, bei exclusiver auf 1942 oder 1943; wegen Ktesias ist 1942 vorzuziehen. Perseus beginnt dann 1370 und dazu passen die vorhandenen Zahlen der Könige, deren Namen aus dem eratosthenischen System Tatianos und, mit wenigstens den meisten Zahlen Pseudeusebios überliefert: 1370 Perseus 59.' 1311 Sthenelos 32. 1279 Eurystheus 45. 1234 Atreus und Thyestes 33.[2]) 1201 Agamemnon 18 (so auch Tatian 39. Clem. strom. I 321). 1183—1176 Aigisthos 7. Wie Eratosthenes die noch übrigen 72 Jahre bis zur dorischen Wanderung berechnet hat, ist nicht bekannt.[3]) Die 53 Jahre von Herakles Tod bis 1185 oder 1184 vereint mit den 80 oder 81 von da bis zur dorischen

---

1) ἀπὸ τῆς Ἡρακλέους ἐν Ἄργει παυσιλίας schreibe ich statt ἀπὸ τ. Ἡρ. ἐν Ἄργει βασιλείας.
2) So Synkells Kanon; Pseudeusebios mit Kastor 65. Malala und Kedrenos geben Atreus 12, Thyestes 20 Jahre, aber Eratosthenes liess sie gemeinschaftlich regieren.
3) Velleius gibt dem Orestes 70, seinen Söhnen 2—8 Jahre.

Eroberung ergeben, wie Rohde gesehen hat, gerade 4 Generationen, 133—134 Jahre; diese werden vertreten von den Herakleiden Hyllos, Kleodaios, Aristomachos und dessen Söhnen Temenos, Kresphontes und Aristodemos. Wer zuerst so rechnete, dem endigten die 133^1/$_3$ Jahre seit Herakles Tod = 80 seit Troias Fall mit dem Ende der Temenosgeneration, also nicht mit der dorischen Einwanderung d. i. dem Anfang des dorischen Krieges (p. 569) sondern mit seinem Abschluss, dem Entstehen der Städte und Dynastien Korinth, Sparta und Argos; den Fehler, die dorische Wanderung mit der späteren Gründung von Sparta und dem Anfang des Eurysthenes in gleiches Jahr (1104) zu setzen, hat wahrscheinlich Eratosthenes zuerst begangen.

Africanus und Eusebios setzen das Ende des neunten Spartakönigs älterer Linie Alkamenes in Olymp. 1, 1; dasselbe hatte schon Eratosthenes gethan: denn Agesilaos, der sechste, regierte nach Apollodor bei Clemens strom. I 327 zur Zeit Homers (944) 100 Jahre nach der ionischen Wanderung, wurde also von ihm ganz oder fast ganz so datirt wie von Eusebios: 947—903 v. Chr. Ferner das 18. Jahr des Alkamenes fiel nach Apollodoros wie bei Eusebios auf 796 (p. 531). Die 328 Jahre von 1104 bis 776 bedeuteten in diesem System wohl ziemlich die ganze Regierungsdauer der 9 ersten Könige: 322 gibt ihnen Ephoros, 325 Africanus und Eusebios. Die Unrichtigkeit dieser Datirung leuchtet von selbst ein: denn Alkamenes starb erst im messenischen Kriege. — Die Königszahlen der jüngeren Linie bei Diodoros (s. Eusebios I 223) gehören sammt denen der älteren dem Ephoros; die eratosthenischen lassen sich aber vielleicht mit Hülfe derselben wiederherstellen, weil wir sein Anfangsdatum des Lykurgos, d. i. des Charilaos besitzen. Dieses setzte er um 2, das des Prokles aber um 35 Jahre früher als Ephoros, zählte also hier 33 Jahre mehr; diese Generationszahl wird er dem von Ephoros übergangenen Soos gegeben haben. Also 1104 Prokles 41. 1063 Soos 33. 1030 Eurypon 51. 979 Prytanis 49. 930 Eunomos 45. 885 Polydektes und in demselben Jahr Charilaos. Hier kam wohl die Zählungsdifferenz zwischen der attischen und der römisch-makedonischen Jahrform zum Austrag. Sowohl Cicero[1]) rep. II 10 als Tatianos 41[2]) stellt Lykurgs

---

1) Dass er die apollodorischen Data aus Nepos hat, lässt sich nicht erweisen: ep. ad Att.

Gesetzgebung 108 Jahre vor Olymp. 1: für Cicero, d. i. Apollodoros ist dies das zweite Jahr des Charilaos und Lykurgos, für den syrischen Gewährsmann Tatians aber das erste, von Oktober 885 bis Oktober 884 laufend; eben in dieses Jahr aber setzt der Apollodoros des Porphyrios bei Euseb. I 189, d. i. Apollodors auf makedonische Jahrform umgesetzte Rechnung den Anfang der Vormundschaft Lykurgs. Da in dem attischen Jahr 885/4 zuerst Polydektes regiert hatte, so musste die dem Charilaos gehörende spätere Hälfte desselben in das makedonische Jahr fallen, welches im Oktober 885 anfieng.

Das troische Datum des Eratosthenes liegt 500 volle Jahre vor dem Anfang der attischen Jahresarchonten. Seine dorische Epoche 1104.3 ist dem Sosibios entlehnt; dadurch, dass er nicht wie dieser 67 Jahre (2 Generationen) sondern mit älteren Vorgängern 79 von Agamemnons Ende bis dahin zählte, erhielt er für Trojas Fall 1184.3. Indem er die dorische Einwanderung mit dem Ende des von ihr eingeleiteten Kriegs zusammenwarf, dem Ephoros und Sosibios aber die Zurückschiebung Lykurgs entlehnte. verdarb er die spartanische Rechnung noch ärger als diese und gab zu dem Irrthum Anlass, das Jahr 776 habe nicht bloss chronologisch sondern auch geschichtlich Epoche gemacht.

1171 Sosibios, Kastor.

I. Nach Varro b. Cens. 21 hat Sosibios 395, dagegen Eratosthenes 407 Jahre von Troia bis Olymp. 1 gezählt; nach attischer Jahrform fiel ihm die Epoche in 1172/1. Clemens strom. I 327 schreibt: 'der Lakone Sosibios[1]) setzt in seiner Chronik (ἐν χρόνων ἀναγραφῇ) Homeros in das 8. Regierungsjahr des Charilaos, Polydektes' Sohnes (866); nun regiert Charilaos 64 Jahre (873 — 809), nach ihm sein Sohn Nikandros 39 (809 — 770); in dessen 34. Jahr wurde die 1. Olympiade gefeiert.' Wenn Cato von Troia bis Roms Gründung 432 Jahre zählte, so folgte er, da letztere ihm in 739 v. Chr. fällt, dem troischen Datum des Sosibios,

---

XII 23 will er auf Apollodoros selbst zurückgehen und den Archilochos bestimmt er anders als Nepos.

2) Seine Handschriften und Eusebios ἰσατόν, der ältere Ausschreiber Clemens ἰσατόν ποντί- κοντα; aus H ist wie sonst oft N geworden und dies vor τομήσιτί ausgefallen.

1) Er schrieb unter Ptolemaios II Philadelphos.

s. Röm. Gründungsdata. Rh. Mus. XXXV 30. Dasselbe gilt vermuthlich von Aemilius Sura (p. 548) und von dem Chronisten, nach welchem Strabon p. 239 vom Antritt des Ascanius bis zur Geschichte von Amulius und Numitor, d. i. bis zur Geburt des Romulus 400 Jahre verlaufen liess; wie Eusebios in den Notizen zum Kanon so setzt jener die Gründung von Alba longa in den Anfang des Ascanius: *καὶ τούτου (τοῦ Λατίνου) τελευτήσαντος καὶ τοῦ πατρὸς τὸν Ἀσκάνιον Ἄλβαν κτίσαι*.[1]) Ferner von Lactantius instit. I 23 ab excidio Troianae urbis colliguntur anni MCCCCLXX = epit. 24 sunt ab Ilio capto anni MCCCCLXX. Er schrieb 298 oder 299, epit. 43 Christus ante annos CCC natus (nämlich 2 v. Chr.), vgl. inst. IV 10, 18, und um dieselbe Zeit wie sein Lehrer Arnobius, der ebenfalls 300 Jahre seit Christus zählt (I 13. II 71); wozu es stimmt, dass er dessen Werk nicht kennt: er citirt es nirgends und gibt eine im apologetischen Interesse zugestutzte Zeitbestimmung des Gottes Saturnus, in welcher er sich auf Theophilos beruft, über die in gleicher Absicht von Arnobius gegebene aber nichts zu sagen weiss. Die Epoche 1171 setzt ferner Joannes Antioch. fr. 72, 15 voraus: *εἰσὶ δὲ ἀπὸ τῶν Τρωικῶν ἐπὶ Ἰούλιον Καίσαρα ἐνιαυτοὶ χίλιοι ρκδ'*.

Synkellos setzt Troias Einnahme auf Weltjahr 4331 = v. Chr. 1171 und zählt von da bis zur Gründung Roms Ol. 8, 1. 747 .424 Jahre, s. Röm. Gründungsdata p. 5. Hiezu stimmt, ein paar leichte Aenderungen vorausgesetzt, auch seine Peloponnesierliste: 1810 (Weltj. 3692) Inachos 56. 1754 Phoroneus 60. 1694 Apis 35. 1659 Argos 70. 1589 Kriasos 55. 1534 Phorbas 25. 1509 Triopas 30. 1473 Krotopas 24. 1459 Sthenelos 11. — 1438 (Weltj. 4064) Danaos 58. 1380 Lynkeus 35. 1345 Abas 37. 1308 Proitos 17. 1291 (Woltj. 4711) bis 1260 Akrisios 31. Wenn Synkellos p. 294 als das letzte Jahr des Danaos unrichtig 4743 statt 4741 nennt, woraus ein Scholion mit einem neuen Missverständniss (4743 als erstes Jahr des Nachfolgers nehmend) die falsche Jahrsumme 551 seit Inachos ableitet, so hat er vergessen, dass zwischen Akrisios und dem ersten Mykenaier eine Lücke liegt (p. 555), welche bei ihm 2, eigentlich aber 3 Jahre beträgt: er setzt erst Weltj. 4244 Pelops 35. 4279 Atreus 33.

---

[1] Vgl. Arnob. II 71 apud Albam regnatum est annis CCCC et prope bis denis. Roma ducit annos L et M aut non multum ab his minus. Beide datirten etwa: 1164 (p. 576) Ascanius und Alba's Gründung, 764 Romulus Geburt, 747 Roms Gründung.

4312 Agamemnon 18. 4330 Aigisthos, erhält aber dadurch 4330 statt 4331 für Troias Fall. Der ihm vorliegende Kanon hatte die Zahl 4245 (v. Chr. 1257) für Pelops, welche wegen der vorhergehenden Lücke, wenn deren Betrag nicht angegeben war, leicht verdorben werden konnte. Wir setzen also 1257 Pelops 35. 1222 Atreus 33. 1189 Agamemnon 18. 1171 Aigisthos. Hier begeht Synkellos einen neuen Fehler, indem er Aigisthos bloss 5 Jahre gibt und so für Orestes den nunmehr doppelt falschen Anfang Weltj. 4335 (statt 4338) erhält. Das Richtige ist: 1171 Aigisthos 7. 1164—1141 Orestes 23. Die Nachfolger des Orestes hat Synkellos übersprungen; es folgt gleich von Weltj. 4423 ab die ältere Herakleidenlinie von Sparta mit derselben Jahrsumme 325 und denselben Posten wie bei Africanus und Eusebios: 1079 Eurysthenes 42. 1037 Agis 1. 1036 Echestratos 35. 1001 Labotes 37. 964 Doryssos 29. 935 Agesilaos 44. 891 Archelaos 60. 831 Teleklos 40. 791—754 Alkamenes 37. Vom Ende Agamemnons bis zur dorischen Epoche, dem Anfang des Eurysthenes in Sparta verlaufen hier 92 Jahre (1171—1079), ein befremdlich scheinender Abstand, der aber seine Erklärung darin findet, dass Synkellos p. 334 neben jenen 325 Jahren gerade so wie Africanus und Eusebios noch eine zweite Jahrsumme 350 für das Königthum von Sparta (und Korinth) gibt: das Mehr von 25 Jahren ist vor Eurysthenes und Aletes einzustellen (p. 559), es entspricht der Dauer des dorischen Eroberungskrieges. Dass er sie weder aus Africanus noch aus Eusebios sondern aus einem besseren System entlehnt hat, erhellt aus der Güte seiner Datirung. Nimmt man die 25 Jahre von den 92 weg, so verbleiben für den ungestörten Bestand der Mykenaierherrschaft nach Agamemnon 67 Jahre = 2 Generationen, derselbe Zeitbetrag wie bei Ephoros, und das Datum, welches sich für den Anfang des Dorierkriegs, die Einwanderung ergibt, ist (1171—67 oder 1079 + 25 =) 1104 v. Chr.[1]). Damit wird Sosibios als Vorgänger des Eratosthenes in Aufstellung dieser dorischen Epoche erwiesen; zugleich erhellt, dass dieses Datum derselben von Sosibios richtig auf die dorische Einwanderung beschränkt worden war; während ferner bei Eratosthenes, Africanus, Eusebios das Ende der 350 Jahre unrichtig auf einen früheren Zeitpunkt fällt als das Ende des letzten Vollkönigs Alkamenes,

---

1) Vgl. zu Epoche 1153.

ist die ursprüngliche und ächte Gleichzeitigkeit beider Schlusstermine nur hier zu finden: im attischen Jahre 754/3 endigen die 350 Jahre und die Herrschaft des Alkamenes.

II. Kastor (61 v. Chr.) hat Troias Eroberung weder, wie früher Gutschmid wollte und jetzt noch Gelzer behauptet, auf 1193 noch, wie Brandis und jetzt Gutschmid will, auf 1183 gestellt sondern das Datum des Sosibios angenommen, im Uebrigen aber sich ziemlich selbständig verhalten.

1. Seine Peloponnesierliste gibt Eusebios I 177 ff. Die Jahrsumme der Inachiden und Danaiden von Argos gibt er, übereinstimmend mit den Posten, auf 382 und 162, zusammen 544 an; die der Pelopiden 105 ist verdorben und in 160 zu verbessern: ein Abschreiber verwechselte *PΞ* mit *PE*. Auf den letzten Argiver Akrisios folgt bei ihm sogleich dessen Ururenkel (zur Motivirung vgl. Cramer Anecd. par. II 191) Eurystheus mit 45 J., dann Atreus und Thyestes 65, Agamemnon 30, Aigisthos 17, Orestes Tisamenos Penthilos und Kometes 58 bis zur Eroberung der Peloponnesos durch die Herakleiden (1103 v. Chr.), von da 60 zur ionischen Wanderung (1043), von dieser 267 bis zur 1. Olympiade. Hienach würde die Jahrsumme der Pelopiden 170 betragen haben und Agamemnons Ende in 1178 v. Chr., die Einnahme Troias aber, wenn wir das 18. Jahr Agamemnons, in welches Eusebios a. a. O. dieselbe setzt, mit Gutschmid für eine Angabe Kastors halten, in 1191 oder (18 voll genommen) 1190 gefallen sein. Mit Recht erklärt Gutschmid, wie andere vor ihm, die Zahl 17 des Aigisthos für einen Textfehler statt 7: an dieser von Homer überlieferten Zahl konnte ein Grieche ebenso wenig rütteln wie ein Jude oder Christ an den Zahlen der Bibel. Indem Gutschmid weiter die 30 Jahre Agamemnons in 33 verwandelt und den Zusatz des Eusebios: cuius tempore anno XVIII Ilion captum est für Ueberlieferung Kastors hält, gewinnt er für diesen das troische Datum 1184/3. Gegen die Aenderung 33 spricht jedoch der Umstand, dass die Jahrsumme der Pelopiden durch sie auf 163 kommen würde, eine Zahl aus welcher 105 schwerlich verdorben ist; auch konnte die Behauptung, dass Agamemnon nach der Einnahme Troias noch 15 oder (bei der überlieferten Zahl 30) 12 volle Jahre gelebt habe, wohl später ein Bibelgelehrter wie Africanus oder Eusebios aufstellen, nicht aber der Rhetor von Rhodos; muss dieser um Homers willen dem Aigisthos 7, nicht 17,

Jahre gegeben haben, so kann er aus demselben Grund auch dem Agamemnon nicht mehr Jahre nach Troias Fall gerechnet haben als es die Odyssee erlaubt. Jene Notiz ist vielmehr ein Eigenthum des Eusebios. Was dieser aus Kastor im Wortlaut mittheilt, sind fast bloss die Summarien: diesen wörtlichen Auszügen lässt er in der Regel eine Andeutung, dass sie das sind, vorausgehen oder nachfolgen, s. I 53, 35—55, 26. 173, 22. 177, 10. 183, 10; bei der Aufführung der einzelnen Könige, welche den Summarien von Sikyon, Athen, Argos-Mykenai folgt, thut er das nicht, hier lassen sich mit Sicherheit bloss die Posten auf jenen zurückführen, während die synchronistischen Zusätze von Eusebios herrühren: z. B. die Regierung Josephs in Aegypten unter Apis, der Auszug Mosis unter Triopas waren offenbar nicht von Kastor angegeben; diese wie alle anderen Synchronismen treffen zum Kanon des Eusebios, sind demselben entlehnt und dort steht auch die Notiz vom 18. (bei Hieron. verdorben 15.) Jahr Agamemnons als Datum der Einnahme Troias.

Die peloponnesische Rechnung Kastors lautete also: 1852 Inachos 50. 1802 Phoroneus 60. 1742 Agis 35. 1707 Argos 70. 1637 Kriasos 54. 1583 Phorbas 35. 1548 Triopas 46. 1502 Krotopas 21. 1481 Sthenelos 11. — 1470 Danaos 50. 1420 Lynkeus 41. 1379 Abas 23. 1356 Proitos 17. 1339 Akrisios 31. — 1308 Eurystheus 45. — 1263 Atreus und Thyestes 65. 1198 Agamemnon 30. 1168 Aigisthos 7. 1161 Orestes und Nachkommen 58. 1103 Eroberung der Peloponnesos. 1043 ionische Wanderung. Das Datum 1103 (und 1043), statt wie bei Synkellos 1104, erklärt sich daraus, dass bei diesem, nach der Uebereinstimmung mit Eratosthenes zu schliessen, die attische Jahrform zu Grunde liegt, während Kastor im Gebiet des makedonischen Kalenders schreibend, Ol. 1, 1 vom Herbst 777 bis Herbst 776 laufen lässt: sein Jahr der dorischen Eroberung beginnt demnach Okt. 1104, vgl. p. 568. Bei Josephos g. Apion I 22 setzt er die Schlacht von Gaza, welche um März 312 geschlagen wurde, in das 11. Jahr seit Alexanders Tod und in Ol. 117, 1, rechnet also wie Porphyrios dieses Jahr makedonisch vom Okt. 313 bis Okt. 312. Die Frage, wie sich sein Todesdatum Agamemnons 1168 mit der troischen Epoche 1171 verträgt, wird in Nr. 5 beantwortet.

2. Der falsche Eusebios nennt wie Kastor bei Euseb. I 55 als Nachfolger Sardanapals einen zweiten Ninos und legt damit die Vermuthung

nahe, dass er auch in andern Punkten jenen benützt habe. Seine Assyrierliste ist durch Lücken und andere Verderbnisse unbrauchbar gemacht (p. 562); bessere Dienste leistet der Anfang seiner Latinerdynastie: Weltj. 4273 [1]), v. Chr. 1235 Faunus 29. 1206 Latinus 27. 1169 Aeneas 5. 1164 Ascanius 39. Kastor rechnete 417 Jahre von Aineias bis zur Gründung Roms (s. Epoche 1197 I 5) und setzte diese Ol. 7, 1. 752 (Okt. 753 bis Okt. 752): Eusebios I 295 zählt von Brutus bis Caesar 460 Jahre oder 95 Olympiaden, beginnend nach Ablauf von Ol. 67 (= 508 v. Chr.) und endigend mit Ol. 183, 1. 48, den Königen aber gibt er 244, beiden Zeiträumen zusammen 704 Jahre = 176 Olympiaden und beruft sich dann auf die Uebereinstimmung mit Kastor; in dem Summarium desselben, welches er dann ausschreibt, stehen richtig 244 Jahre der Könige; dagegen die 460 Jahre der Republik sind von einem Abschreiber, welcher nicht bedachte, dass Kastor bloss bis 61 v. Chr. gegangen war, an Stelle der ächten 447 gesetzt. Aineias begann demnach bei ihm genau in dem Jahre 1169, welches der falsche Eusebios an die Hand gibt. Weiteres unter Nr. 5.

3. Das post bellum Troianum (Euseb. I 5) beginnende und mit Xerxes Heerfahrt endigende Verzeichniss der seebeherrschenden Völker, welches Diodoros bei Euseb. I 225 mittheilt, pflegt man auf Kastor zurückzuführen, welchem Suidas eine eigene Schrift solchen Titels beizulegen scheint; sein Text enthält jedoch einen Fehler, welcher folgendermassen [2]) zu verbessern ist: ἔγραψε δὲ ἀναγραφὴν βασιλέων (die Hdschr. Βαβυλῶνος) καὶ τῶν θαλασσοκρατησάντων ἐν βιβλίοις β'. Unter ἀναγραφὴ Βαβυλῶνος könnte nur etwa ein Stadtplan von Babylon verstanden werden; bei Clemens strom. I 336 haben aber die Hdschr. zweimal Βαβυλῶνος statt βασιλέων. Kastor gestaltete den Titel seiner Chronik desswegen so weitläufig, weil die meisten Rubriken ihres Kanons Königsnamen aufzählten,

---

1) Die Weltjahre des Pseudeusebios vorchristlicher Zeit sind durch Subtraction ihrer Zahl von 5508 auf modernes Datum zu reduciren: Arbakes beginnt Weltj. 4692 = v. Chr. 816, entsprechend den 256 Jahren, welche er den Medern gibt; Kyros 4948 = Ol. 55, 1. 560; Alexander regiert 12 Jahre 5172—5184, d. i. Ol. 111, 1. 336—114, 1. 324. Die Jahrform ist aber die byzantinische, so dass der vorherg. 1. September die Epoche bildet: erstes Jahr des Seleukos d. i. der Seleukidenära 5197 = Ol. 112, 2, 311, genauer Sept. 312 bis August 311.

2) Die Verbesserung ist schon von Gutschmid bei Flach zu Useych. ἔσται vorweggenommen: statt β' schreibt er s'.

eine aber, die Liste der Seeherrscher, nur Namen von Völkern enthielt, vgl. Ausonius profess. 22, 7 quod Castor cunctis de regibus ambiguis, quod — ediderat Rhodope, nota tibi. Das erste seeherrschende Volk, die Lyder, stellt der armenische Uebersetzer des Kanons unter 1169 (Abr. 948), Hieronymus dagegen unter 1177 v. Chr. ein. Die Abweichung zwischen beiden Uebersetzern wird bei der Datirung der folgenden Thalassokraten noch grösser, nur ihre Dauer an sich ist textkritisch sichergestellt. Mit den 92, 85, 79, 23, 25 (zusammen 304) Jahren der Lyder, Pelasger, Thraker, Rhodier, Phryger erhalten wir für den Anfang der Kyprier, je nachdem wir das eine oder das andere Datum der Lyder zu Grund legen, entweder 865 oder 873 v. Chr.; im armenischen Kanon fehlen die Kyprier, aber Hieronymus bringt sie unter 865, d. i. unter dem Datum, welches genau dem armenischen der Lyder entspricht. Dies scheint dafür zu sprechen, dass um 1169 das ächte Datum derselben fällt, Kastors troische Epoche also auf oder kurz vor 1169 gestellt war.

4. Die Athener. Das Summarium Kastors bei Euseb. I 181 fg. gibt den Erechtheiden von Kekrops an 450, dem Melanthos und Kodros 52, den lebenslänglichen Archonten 209 Jahre. In der darauffolgenden Aufzählung der einzelnen Archonten finden diese Summen keine Bestätigung, obgleich wir erwarten müssen, dass wie in dem sikyonischen und argivischmykenäischen Verzeichniss so auch in diesem zwar die beigegebenen Synchronismen von Eusebios selbst, die Königsnamen mit ihren Regierungszahlen aber von Kastor herrühren. Diese Abweichung erklärt sich der Hauptsache nach daraus, dass an vielen Stellen die Abschreiber die ihnen aus dem Kanon als eusebisch bekannten Zahlen an die Stelle der bei Kastor anders lautenden gesetzt haben; die attische Liste war solcher Verderbniss am meisten ausgesetzt, weil sie den bekanntesten und vornehmsten griechischen Staat betraf und daher grössere Beachtung[1]) fand als die anderen. Bei den lebenslänglichen Archonten jedoch ist auch die Zahl des Summarium verdorben: der erste von ihnen, Kodros' Sohn Medon würde dadurch erst in 962 v. Chr. zu stehen kommen. Man verwandelt 209 in 309; aber diese Summe lässt sich mit den Posten ohne Gewalt-

---

1) Tatianos 39 ἐπωδήσαντες τοῦτο οὕτως ἔχων ἀπό τε τῆς τῶν Ἀττικῶν βασιλέως διαδοχῆς Μακεδονικῶν τε καὶ Πτολεμαϊκῶν ἔτι δὲ καὶ Ἀντιοχικῶν; Africanus bei Euseb. praep. X 10, 4—5.

anwendung nicht in Einklang bringen. Ebenso sanft wie 309 ist die Aenderung 290: wie bei Kekrops (Eus. I 183, 1) 5 aus 50 geworden ist, so kann 9 aus 90 entstanden sein. Und diese Summe ergibt sich in der That, wenn man bei jeder Verschiedenheit zwischen der armenischen Uebersetzung und den griechischen Excerpten die zum eusebischen Kanon stimmende Lesart als gefälscht verwirft. Dann erhält man folgende Datirung: 1043 Medon 8 (armen. 20, nach Zohrab jedoch 9, über der Zeile 20). 1035 Akastos 36. 999 Archippos 19. 980 Thersippos 41. 939 Phorbas 30. 909 Megakles 30. 879 Diognetos 28. 851 Phereklos 19. 832 Ariphron 20. 812 Thespieus 7 (griech. 27). 805 Agamestor 17. 788 Aischylos 23; in seinem (vollen) 12. Jahr die 1. Olympienfeier. 765 Alkmaion 12 (armen. 2). 753 die sieben zehnjährigen Archonten 70. 683 Kreon der erste jährige Eponymos. — Bestätigung: nach Pausan. VII 2. Aelian var. VIII 5 u. a. veranstaltete Neileus die ionische Auswanderung schon unter Medon und zwar desswegen weil dieser ihm als Nachfolger des Kodros vorgezogen wurde; dieselbe fällt demnach in den Anfang des Medon. In vorstehender Liste trifft Kastors Datum der ionischen Wanderung 1043 genau auf das 1. Jahr Medons.

Die Zahlen, welche Kastor den (eigentlichen) Königen gegeben hat, lassen sich im Einzelnen aus Eusebios nicht herstellen. weil alle Abweichungen vom eusebischen Kanon durch die Abschreiber verwischt sind. Golzer, Kastors attische Königs- und Archontenliste (in der Festgabe an E. Curtius, Histor. u. philol. Aufsätze 1884) hat die 450 Jahre der Erechtheiden treffend gegen die Abweichungen, welche das Summarium in der Ueberlieferung des eus. Kanons aufzeigt. vertheidigt, hätte aber consequenter Weise auch die 52 des Melanthos und Kodros der aus Eusebios eingeschwärzten Variante 58 vorziehen sollen; freilich braucht er die 58, um sein troisches Datum Kastors, 1193 v. Chr., zu gewinnen. Die 450 findet er bei Pseudeusebios wieder, dessen Königszahlen von Kekrops bis Melanthos exclusive zwar nicht die Summe 450 sondern 449 ergeben, bei Einsetzung des fehlenden Apheidas aber, der überall 1 Jahr regiert, in der That auf 450 kommen. Dieser Einsatz ist jedoch keineswegs so sicher und nothwendig, wie er glaubt: nach Nikolaos von Damaskos fragm. 50 (d. i. nach Ephoros) ist Apheidas der ihm gebührenden Nachfolge nicht theilhaftig geworden. Immerhin könnte er bei Pseudcusebios ausgefallen sein; aber die Summe 450 würde dabei doch nicht erreicht: denn dann ist sein Jahr in einem andern Posten mitgezählt. Die Posten der attischen Liste des Pseudeusebios stimmen nämlich genau mit der Summe 849 zusammen und diese wird dadurch bestätigt, dass als Anfang der Dynastie und des Kekrops das 10. Jahr der Moabiterherrschaft, als Ende aber Weltjahr 4812 und (dazu stimmend) das 32. Jahr des Manasse angegeben ist: das 10. Jahr der Moabiter entspricht nach der trefflichen Ergänzung der jüdischen Rechnung des Pseudeusebios, welche Gutschmid geliefert hat, dem Weltj. 3963, von wo 849 Jahre bis 4812 verlaufen. Diese Summe 849 ergibt sich vollkommen genau auch aus den Posten, wenn man die 3 Jahre des Erechtheus und die 17 des Archippos im griech. Texte Mai's als Druckfehler ansieht und mit dessen Uebersetzung 50 und 16 an ihre Stelle setzt. Es dürfen also nur solche Aenderungen vorgenommen werden, welche an der Summe keine Aenderung hervorbringen: wenn z. B. Apheidas wirklich ausgefallen sein sollte, dann ist sein Jahr in den 10 seines Nachfolgers untergebracht, welchem andere Listen 9 Jahre geben. Eine Compensation dieser Art ist nachweislich bei Kodros und Medon vorgekommen. Keiner von beiden kann in der Liste gefehlt haben; diese gibt aber bloss Korax (d. i. Kodros) mit 20 Jahren, d. h. die 21 des Kodros und der Name des Medon sind ausgefallen, die 21 finden sich aber bei Oxyntes wieder, dem Pseudeusebios 31 Jahre gibt: er hat bei Synkellos und wahrscheinlich bei Africanus 10, bei Eusebios 12; der Abschreiber vereinigte offenbar die 10 mit den 21 zu 31. Hieraus folgt, dass Pseudeusebios den Erechtheiden weder mit Kastor 450 noch auch 449 sondern 428 Jahre gegeben hat, eines weniger als Eusebios; seine attische Liste ist in Wahrheit von Demophon ab[1]) dieselbe, welche in der Chronik von Paros vorausgesetzt wird, s. unter 1207.

Der Gedanke Gelzers ist an sich gut, nur zu weit ausgedehnt: die Zahlen der Könige vor Demophon bei Pseudeusebios stimmen nicht zu den Daten der parischen Chronik und würden, Demophons Anfang auf 1206 gestellt, den des Kekrops auf 1602 bringen. Dass sie von Kastor

---

1) Der Uebergang zu einer andern Liste und der Abstrich eines Jahres (Nr. 5) hängt wohl mit dem Datum der Zerstörung Troias zusammen.

herrühren, beweist das Datum, welches er dem Kekrops gibt: Weltj. 3963, v. Chr. 1545. Hat Kastor den Anfang der lebenslänglichen Archonten auf 1043 gestellt, so muss ihm Melanthos (52 Jahre früher) 1095, Kekrops aber (450 Jahre vorher) 1545 v. Chr. begonnen haben. Aus Pseudensebios gewinnen wir dann folgende Datirung: 1545 Kekrops 30. 1515 Kranaos 9. 1506 Amphiktyon 10. 1496 Erichthonios 53. 1443 Pandion 40. 1403 Erechtheus 50. 1353 Kekrops II 43. 1310 Pandion II 29. 1281 Aigeus 48. 1233 Theseus 34. 1199 Menestheus 29. 1170 Demophon.

6. Die Troiafahrer Agamemnon und Menestheus endigen bei Kastor 1168 und 1170; Aineias, der bald nach dem Falle Troias in Italien landet, wird bei ihm 1169 Latinerkönig; die erste, ebenfalls bald nach jenem Ereigniss entstandene Thalassokratie scheint er auf dasselbe Jahr 1169 gestellt zu haben. Das alles führt darauf, dass er sich in Beziehung auf jene Epoche an Sosibios angeschlossen hat. Die 5 Jahre (1169 bis 1164), welche Pseudeusebios d. i. Kastor dem Aineias als Latinerkönig gibt, finden wir bei Dionysios ant. I 64 fg. insofern wieder, als dort Aineias in Latium 2 Jahre über die Troer, 3 nach Latinus Tod über beide Völker regiert, und schon vor diesem bei dem Annalisten Cassius Hemina (Solinus 2, 14), welcher ihn 2 Jahre mit Latinus, 3 allein regieren liess. Bei Cassius und bei Dionysios landet Aineias 2 Jahre nach Troias Fall: wenden wir diese auf das Datum Kastors für seine Landung an (1169), so erhalten wir für Troia wirklich 1171. Das nämliche Datum ergibt sich, wenn Kastor den Fall Troias, was die parische Chronik wirklich thut, nicht in das letzte sondern vorletzte Jahr des Menestheus = 1171 gesetzt hat. Diese Abweichung von der herrschenden Ansicht rührt vielleicht davon her, dass man neu entstandene Sagen berücksichtigte, nach welchen Menestheus von Troia weg vor seinem Tode noch verschiedene Städte gegründet hatte: Elaia im nachmaligen Aiolis (Strab. 632), Skylakion in Unteritalien (Strab. 261); manche liessen ihn auf Melos sterben andere führten ihn bis nach Hispanien. Aehnliches gilt von Agamemnon: auf Kreta stiftete er nach Velleius I 1 die Städte Mykenai, Pergamon, Tegea, nach Zenobios V 50 und Steph. Byz. Lappa. Hiezu würde an sich ein Jahr genügt haben, aber bei Kastor fällt Troias Eroberung in das drittletzte Jahr Agamemnons. Dies beruht auf einigen Stellen der

Odyssee, welche in Widerspruch mit anderen die Ermordung des Aigisthos durch Orestes nicht 7 sondern 9—10 Jahre nach Troias Fall setzen. Im 10. Jahr der Irrfahrten des Odysseus wird in der Götterversammlung dieses Ereigniss als die Neuigkeit des Tages besprochen, α 43 νῦν δ' ἀθρόα πάντ' ἀπέτισεν, vgl. die Erklärer über α 35 ὡς καὶ νῦν Αἴγισθος u. s. w. Menelaos, der am Tage der Ermordung heimkam, ist in demselben 10. Jahr so eben eingetroffen, γ 318 κεῖνος γάρ ἀλλοθεν ἐληλουθεν. Da die widerstrebenden Stellen keine ausdrückliche Angabe entgegensetzen, so hat man wohl auch sie in diesem Sinn interpretirt, z. B. die 7 jährige Raubfahrt des Menelaos (δ 80. γ 305), in deren Zeit Agamemnons Ermordung fiel (γ 303. δ 90), konnte man mit einem gewissen Schein nach seinem kretischen Aufenthalt anfangen lassen, wofür die Erzählung γ 291—301 im Zusammenhalt mit der Aufzählung der geplünderten Küstenländer δ 83—85 einigen Anhalt bot, und δ 82 ἠγαγόμην musste dann im Sinn von mecum portavi, nicht von reportavi erklärt werden.

Wie Sosibios so zählt auch Kastor 68 Jahre vom Jahr der Einnahme Troias bis zur dorischen Epoche[1]): zu den 65 nach Agamemnon kommen jetzt noch die drei letzten desselben. Auch die 25 des dorischen Krieges bei Sosibios finden wir vielleicht bei ihm wieder. Den Karneiospriestern von Sikyon zählt er 33 Jahre, den Betrag einer Generation, 1161—1128. Euseb. I. 176 fg., und schreibt von Charidemos, dem letzten: οὐχ ἱκανοῦντας τὴν δαπάνην ἔφυγε. Wenn dessen Vorgänger den Aufwand 1, 1, 4, 6, 9, 12 Jahre lang hatten aushalten können, warum nicht auch er, da doch für den einen wie für den andern durch Zuweisung eines τέμενος gesorgt sein musste. Es war eben die Stadt jetzt in die Hand der Dorier gefallen, deren Führer Phalkes Temenos' Sohn sich dem König Lakestadas als Mitregent aufdrängte (Pausan. II 6); die fürstliche Ausstattung desselben kam dann wohl zum grösseren Theil auf Kosten des Hohenpriesters zu Stande. Hiernach entfällt bei Kastor 1171 die Zerstörung Troias, 1128 die dorische Einwanderung, 1103 der Anfang der Könige von Sparta; wie bei Eratosthenes kommt bei ihm dann der Tod des Alkamenes in eine frühere Zeit als die Einführung des Ephorats.

---

[1]) Nur dass diese (1104/3) bei Sosibios den Anfang, bei Kastor das Ende des Dorierkrieges bildet.

1168 bei Orosius.

Rom Ol. 6 gegründet, 414 Jahre nach Troia, Oros. II 4; Roms Einnahme durch Alarich (24. Aug. 410) im 1164. Stadtjahr, Or. II 3. VII 40. Die Gründung also[1]) Olymp. 6, 2. 755,4 (21. Aprilis), der Fall Troias 1169 8 und Helenas Raub (430 Jahre vor Rom, Or. I 17) 1185, genauer gesprochen 1185,4. Dieser war nach Homer Ω 765 im 20. Jahre vor Troias Fall geschehen, das Intervall von bloss 16 Jahren bei Orosius setzt einen Gewährsmann christlicher Zeit voraus, vgl. das 13jährige des Chronisten von 886 bei Cramer An. par. II 197. Die zahlreichen Data mythischer Zeit, welche Orosius beibringt, haben viel Aehnlichkeit mit den eusebischen, sind aber keineswegs mit diesen identisch oder aus ihnen entstellt, vgl. zu 1059. Die Ogygesfluth 1040 Jahre vor Rom (I 7), also 1795 wie bei Africanus; das Ende Sardanapals 64 vor Rom (I 19), d. i. 819 wie im eusebischen Kanon. Das troische Datum entspricht dem Todesjahr Agamemnons bei Kastor.

1153 (Hellanikos).

Aus dem Kanon des Synkellos gewinnen wir folgende Liste attischer Regenten: 1539 Kekrops 50. 1489 Kranaos 9. 1480 Amphiktyon 10. 1470 Erichthonios 50. 1420 Pandion 40. 1380 Erechtheus 50. 1330 Kekrops II 40. 1290 Pandion II 25. 1265 Aigeus 48. 1217 Theseus 31. 1186 Menestheus 33. — 1153 Demophon 23. 1130 Oxyntes 10. 1120 Apheidas 1. 1119 Thymaites 9. — 1110 Melanthos 37. 1073 Kodros 21. — 1052 Medon 20. 1032 Akastos 35. 997 Archippos 19. 978 Thersippos 40. 938 Phorbas 30. 908 Megakles 28. 880 Diognetos 28. 852 Perekles 19. 833 Ariphron 20. 813 Thespieus 27. 786 Agamestor 17. 769 Aischylos 14. 755 Alkmaion 2. — 753 die 10 jährigen Archonten 70. 683 Kreon der erste jährige Archon. Das letzte Jahr des Menestheus, in welches Synkellos (p. 325) die Zerstörung Troias setzt, ist 1154, genauer 1154.3. Die Datirung, welche er den Königen gibt, ist verkehrt (s. u.); die obige beruht darauf, dass die Jahresarchonten Ol. 24, 2. 683 eingesetzt worden

---

1) Wie bei Vergilius u. a., s. zu 1090. Nach Obenstehendem sind die p. 539. 543 auf Grund der varronischen Gründungsepoche Olymp. 8, 3 angesetzten orosischen Data um 1 Jahr hinaufzurücken.

sind. Dieses bisher allgemein anerkannte Datum wird von Gelzer (Kastors att. Königs- und Archontenliste, 1884) in Frage gestellt und nur für die parische Chronik (420 Jahre von Kreon bis Diognetos incl.) und Eusebios (Abrah. 1334) anerkannt, ein besonderes Gewicht aber darauf gelegt, dass Synkellos nur Ol. 19 und 25, nicht Ol. 24 als Varianten für Kreons Zeit anführt; diesen habe Pausanias 687, Dionysios v. Halik. und Africanus 682, Kastor 681 gesetzt. Wir finden keine andere Abweichung von 683 als die des Synkellos und wie wenig diese selbst im Sinn Golzers werth sein kann, geht daraus hervor, dass auch die angeblichen Data 687, 682 und 681 weder in Ol. 19 noch Ol. 25 fallen. Die attische Liste des Africanus im Barbarus gibt 907 Jahre von Kekrops bis zum Ende des letzten 10 jährigen Archonten, den Kekrops aber setzt sie 1590 (p. 551); bei Synkellos p. 400 ferner zählt Africanus 903 Archonten von Kreon bis zu Philinos, unter welchem er schrieb, und zum Consulat des Gratus und Seleucus (221 n. Chr.). Philinos regierte aber 220,1, nicht 221 2: Gelzer hat übersehen, dass Afr. zugleich das dritte Jahr Elagabals angibt, welches vom 16. Mai 220 bis 15. Mai 221 läuft, und die 250. Olympiade, auf welche sich G. beruft, fängt bei Africanus, dessen Jahrform die syromakedonische ist (Philol. Anzeiger XI 83) im Oktober 220, nicht Juli 221 an. Nicht berücksichtigt hat er den von Africanus und Eusebios unabhängigen Chronisten von 886, welcher Kekrops 1558 stellt und von da 775, von Olymp. 1 aber 83 Jahre bis Kreon zählt, Cramer II 188. Wenn Dionysios, ohne Zweifel nach Eratosthenes Vorgang, den Anfang der 10 jährigen Archonten nicht 753 sondern 752 setzt, so folgt daraus nicht, dass bei ihm Kreon 682,1 regiert sondern dass einer der 10 jährigen, Hipponiences nach Nikol. Dam. fr. 51, (1 Jahr) vor Ablauf seiner Zeit abgesetzt worden ist. Pausanias, der wie bekannt viele falsche Data gibt, hat aus Flüchtigkeit oder in Folge von Benutzung einer fehlerhaften Liste die 4 Archonten einer Olympiade zweimal gezählt: Chionis, dreimal Stadionike Olymp. 29, 30 und 31, siegt bei ihm (IV 23, 6) Ol. 29 zum zweiten und (III 14, 3) Ol. 31 zum vierten Mal. Endlich Kastors Rechnung wendet G. unrichtig auf die älteren Archonten des Pseudeusebios an (p. 579) und bringt auch hiebei Kreon nur dadurch auf 681, dass er das Ende des Menestheus (in Wahrheit 1170) auf die vermeintlich kastorsche Epoche Troias 1193 stellt.

Synkellos setzt den Anfang des Kekrops auf Weltjahr 3945, d. i. 1557 v. Chr.: denn das Weltjahr 1 der vorchristlichen Zeit fällt ihm, wie schon Boeckh sah, auf 5501 v. Chr. und Olymp. 1, 1 vergleicht er mit dem 50. Jahr des jüd. Königs Ozias (Usia) 4726. Mit den 786 Jahren, welche er den lebenslänglichen Regenten zählt, kann er daher für die zehnjährigen auf Weltj. 4731 und mit den 70 Jahren derselben für Kreon auf 4801 (die Hdschr. falsch 4804), d. i. auf 701 v. Chr., was der von ihm angegebenen 19. Olympiade (704—700) entspricht. Wenn er dazu als Variante Ol. 25 anzugeben scheint, so ist das als Schreibfehler st. 24 anzusehen: denn selbst wenn es Varianten gegeben hätte, würde er doch Ol. 24 als die am stärksten vertretene genannt haben, um so mehr als er diese in mindestens zwei seiner Hauptquellen (Africanus und Eusebios) vorfand. Zu seiner falschen Datirung ist Synkellos dadurch gekommen, dass er seinen Kanon aus Listen verschiedenen Ursprungs zusammensetzte, ohne zu erkennen dass die Schöpfer derselben nicht die gleiche troische Epoche voraussetzen: indem er die für Ilions Fall massgebende Liste, die argivisch-spartanische dem Sosibios entlehnte, dessen troisches Datum 1171 er richtig mit Weltj. 3331 gleicht, dem entsprechend aber auch das Ende des attischen Königs Menestheus auf Weltj. 3331 (statt 3349, v. Chr. 1153) brachte, bekam er für diesen und damit für die ganze attische Liste eine um 18 Jahre zu hohe Datirung, Kekrops kam auf 1557 und Kreon auf 701 v. Chr.

Im VI. Jahrhundert n. Chr. fanden wir die Epoche 1153 von Hesychios, etwa im II. von dem falschen Herodot benützt; die nächste sichere Spur derselben bietet Trogus Pompeius bei Jordanes Get. 10, nach welchem vom Tode des Telephos. d. i. vom letzten Jahr des troischen Krieges bis zu dem unglücklichen Massagetenkrieg des Kyros fast 630 Jahre verflossen sind. In der Phoinikergeschichte des Trogus ist eine zweite troische Epoche (1197), in der latinischen ein drittes Datum (1096) vorausgesetzt; letzteres scheint sein eigenes zu sein, die zwei andern sind der jeweiligen Quelle entlehnt. In seiner Persergeschichte ist, wie Wolffgarten gezeigt hat, Deinon mindestens stark benützt; die Meinung, dass Ephoros dort seine Hauptquelle sei (Otto Neuhaus, Progr. Hohenstein 1882 und 1884), passt nicht zu dessen troischer Epoche. Deinons Zeitgenosse Theopomps bedient sich, wie bei Archilochos gezeigt wurde, ebenfalls der Epoche 1153; vielleicht auch Deinons Sohn Kleitarchos. Nach Clemens strom. I 337 hätte dieser mit Timaios 820 Jahre vom Herakleidenzug bis Archon Euainetos (111, 2. 335, 4) gezählt, also vielmehr die dorische Epoche auf 1154/3 gesetzt. Das ist von Kleitarchos nicht glaublich. So hoch hinauf konnte diese bloss setzen, wer wie Timaios dem Falle Troias das unsinnig frühe Datum 1333 gab; dieses ist von Timaios zuerst und wahrscheinlich nur in Folge Missverstands aufgestellt worden. Kleitarchos aber schrieb[1]) vor Timaios. Auch ist schwer zu begreifen, wie er dazu gekommen sein soll, die Heerfahrt Alexanders mit der dorischen Wanderung zu vergleichen. Clemens will das hohe Alter der jüdischen Geschichte gegenüber der hellenischen verweisen. insbesondre das ihres staatlichen Anfangs, der Wanderung unter Moses, gegenüber dem Anfang der dorischen Geschichte. Das Datum des letzteren gibt er in der Form seines Abstandes von Alexanders Zug, gleichfalls dem Ursprung eines neuen Weltreichs, aus vier Schriftstellern, deren geschichtliche oder chronologische Werke mit oder vor dem Dorierzug anfiengen: aus Ephoros und Timaios, Phaneias und Eratosthenes. Wenn er den Duris, welcher doch die Jahrrechnung des Timaios angenommen hatte, nicht in Verbindung mit diesem sondern als Zeugen für die Entfernung des Troerkriegs von Alexanders Heerfahrt anführt, so erklärt sich diese auffallend erscheinende Abweichung offenbar daraus, dass Duris nur die Geschichte von 370 bis in seine Zeit beschrieben und beim Jahr 334 den Alexanderkrieg passend mit dem Troerkrieg in Parallele gesetzt hatte. Nach dem Heereszug des Xerxes, welchen Herodot und andere als einen grossen Völkerkampf zwischen Europa und Asien mit dem in gleicher Weise vom Schiffkatalog aufgefassten Troerkrieg verglichen hatten, war jetzt ein dritter Weltkrieg dieser Art geführt worden, der aber dem troischen noch näher kam als der Perserkrieg, weil in jenen beiden Europa der angreifende Theil war. Kleitarchos beschrieb, die Persergeschichte seines Vaters gewissermassen fortsetzend, die Geschichte Alexanders; auch er hatte keinen Anlass, die Dorierwanderung, um so

---

1) Nach 304, wie aus Arrian anab. V¹ II, 8 erschlossen worden ist, und, wie aus derselben Stelle wahrscheinlich wird, ehe die von König Ptolemaios I verfasste Geschichte der Feldzüge Alexanders erschienen war; Timaios schrieb nach 264, dem Schlussjahr seines Werks.

besseren aber, den Troerkrieg in Vergleich zu ziehen. Die 820 Jahre aber, welche von der troischen Epoche 1153 bis 334 verflossen, hat Clemens, getäuscht dadurch dass 820 Jahre auch Timaios, aber von dem Herakleidenzug bis dahin gezählt hatte, irriger Weise auf denselben Ausgangspunkt übertragen; auch die 774 Jahre, welche er den Eratosthenes von der Wanderung bis Alexanders Zug rechnen lässt, beruhen wohl auf einer Verwechslung dieses Ereignisses mit der alles entscheidenden Arbelaschlacht (1104—331 incl.).

Bei Thukyd. V 116 weigern sich Sommer 416 die Dorier von Melos die Freiheit ihrer Stadt, πόλεως ἑπταχόσια ἔτη ἤδη οἰκουμένης, an Athen preiszugeben; hienach hätte der Geschichtschreiber die Gründung von Melos in oder (die 700, zumal in einer Rede als runde Zahl genommen) um 1115 gesetzt. Die Auswanderung nach Melos wurde in der dritten Generation seit dem Dorierzug in dem nämlichen Jahre wie die ionische Wanderung und die [1]) der Dorier nach Rhodos ins Werk gesetzt, Konon 47 bei Photios cod. 186. Hienach würde Thukydides, da er I 12 die dorische Eroberung der Peloponnesos wie Eratosthenes in das 80. Jahr nach Troias Fall und wohl auch wie Ephoros, Eratosthenes und Kastor 60 Jahre später die ionische Wanderung setzt, die troische Epoche auf 1254 gebracht haben; was wir nach dem unter 1270 Gesagten für durchaus unwahrscheinlich halten müssen. Thukydides hat, wie uns scheint, ἑξακόσια geschrieben, was auch an andern Orten, z. B. bei Plutarch. Agesil. 31 in ἑπταχόσια verdorben ist. Dann liegt auch bei ihm die troische Epoche 1153 zu Grunde und ist für die dorische das Jahr 1074, für die ionische 1014 vorausgesetzt. Auch Isokrates scheint, wenn er im Archidamos c. 4 von dem ἐν ἑπταχοσίοις ἔτεσι erworbenen Ruhm und in der Rede vom Frieden c. 32 von dem ἑπταχοσίοις ἔτεσι genossenen Glücke Spartas spricht und beidemal die leuktrische Schlacht zum Endpunkt nimmt, also die Gründung des spartanischen Staates um 1071 setzt, für die dorische Eroberung das Jahr 1074 ins Auge zu fassen; doch könnte er auch an 1069 (troische Epoche 1148) gedacht haben. Uebrigens vgl. zu 1096.

Wem verdankt Thukydides die oben erwähnten und die andern Data

---

1) Diese galt wie die ionische für eine Folge der Aufopferung des Kodros, Strab. 653.

der älteren Geschichte, welche er in der Einleitung seines Werkes vorträgt? Nach U. Köhler, Archaiologie des Thuk. (Commentatt. in hon. Mommseni 1877) dem Hellanikos, dessen Atthis er I 97 citirt. Seinen Hauptgrund zwar vermögen wir nicht stichhaltig zu finden: wenn 1 8 die Erklärung der Atreidenherrschaft über Mykenai mit λέγουσι καὶ οἱ τὰ σαφέστατα Πελοποννησίων μνήμῃ παρὰ τῶν πρότερον δεδεγμένοι eingeleitet wird, so scheint hier nicht ein Lesbier wie der Vf. der ἵεραι τῆς Ἥρας sondern ein Peloponnesier, am ersten ein Argiver und zwar Akusilaos gemeint zu sein [1]); indess der Umstand, dass nur hier die Quelle angedeutet wird, während über andere von Thukydides als unbezweifelte Thatsachen behandelte Punkte z. B. über das Datum der Wanderungen die stärksten Differenzen bestanden, scheint darauf hinzuweisen, dass er seiner gewöhnlichen Quelle hier untreu geworden ist und sich daher mit einer betreffs dieses Punktes höheren Autorität zu decken sucht. So citirt er auch den Hellanikos I 97 nur, weil er dort von ihm abweicht [2]), und lässt uns vermuthen, dass in anderen Dingen ihm sein Ansehen um so höher stand. Jedenfalls hat Hellanikos [3]) die Zerstörung Troias in die Mitte des XII. Jahrhunderts gesetzt: in dieses fällt die Epoche des Philistos, welche der seinigen nahe stand oder gar mit ihr identisch war (s. zu 1147), und die Ansiedlung der Aioler auf Lesbos setzte er 100 Jahre nach dem Tode des Orestes, fr. 114 bei Tzetzes zu Lykophr. 1374. Diese geschah dem Schöpfer der Epoche 1153 zufolge 130 Jahre nach derselben, 1024 v. Chr., und es ist schon p. 541 bemerkt worden, dass dieses Datum sammt den verwandten der andern aiolischen Stadtgründungen einen guten Gewährsmann verräth; man darf auf einen Aioler rathen, einen Vorgänger des Ephoros, welcher ihm zu Gunsten Kymes Opposition zu machen scheint. Aigisthos regierte 7, Orestes nach Synkellos (wahrscheinlich Sosibios, p. 573) 23 Jahre, dazu die 100 bei Hellanikos von

---

[1] Ueber ihn vgl. C. Frick, Beiträge zur griech. Chronologie. Progr. Höxter 1880. Die Ogygosfluth hat er, wie eine genauere Betrachtung von Euseb. praep. ev. X, 4--5 lehrt, entweder gar nicht oder anders als Hellanikos (1020 J. vor Olymp. 1) datirt.

[2] Die Quellen anzuführen hatte er dort, in der Geschichte der Pentakontaeteria, keinen Anlass.

[3] Die Aufstellungen von Brandis, temp. ant. gr. rat. 12 sqq. über Hellanikos und Philochoros ermangeln einer bezeugten Grundlage und die hiefür verwendete attische Rechnung, welche er dem Barbarus beilegt, ist unrichtig.

seinem Tod bis zur Landung des Gras auf Lesbos, so erhalten wir die 130.¹)

Das Datum dieser Epoche liegt 400 Jahre vor Einführung der Ephoren in Sparta Ol. 6, 4 lakon. Stils = Okt. 754—3, durch welche die Beschränkung des Herakleidenkönigthums verewigt wurde, und dem ähnlichen Vorgang Ol. 6, 4 att. St. = 753/2, welcher die lebenslängliche Regierung der Kodriden in eine zehnjährige umwandelte.

1147 (1148) bei Eutropius.

Eutr. I 1 Romulus urbem constituit olympiadis sextae anno tertio, post Troiae excidium²) trecentesimo nonagesimo quarto. Philistos setzte in der ersten, bis 363 reichenden Abtheilung seiner Geschichte Siciliens die Gründung Carthagos 50 Jahre vor Troias Einnahme, Appian Pun. 1 (ohne Angabe des Gewährsmannes, welchen Eusebios zu Abr. 803 nennt). Das wahre Datum der Gründung, 38 Jahre vor Olymp. 1, hat erst Timaios ermittelt, Chronol. d. Man. 214; der Irrthum des Philistos erklärt sich (Rh. Mus. XXXV 31) aus der Bedeutung des Ortsnamens: er verwechselte die 'Neustadt' bei Utica mit der Neustadt von Tyros und dass diese gemeint ist, beweisen die Gründernamen: Zoros (Zor = Tyros) und Karchedon bei Appianus und Eusebios: diese werden überall durch Personification nicht der Metropole sondern der neuen Niederlassung hergestellt. Neutyros wurde 1199 oder 1198 gegründet (p. 564). Wer wie Ephoros die dorische Epoche 1069 setzte, von ihr zurück zu Troias Fall aber mit Thukydides das 80. Jahr zählte, der kam mit jenem Ereigniss in 1148. Nach Philistos bei Dionys. ant. I 22 wanderten die Sikeler im achtzigsten Jahr vor dem Troerkrieg aus Unteritalien nach Sicilien; also in der dritten Generation vorher, in welche diese Wanderung ausdrücklich von Hellanikos versetzt wird, s. Dionysios ant. a. a. O. Ohne

---

1) Melanthos siedelte nach Hellan. fr. 10 bei Schol. Plat. p. 378 Ἡρακλειδῶν ἐλαύνων aus Messene nach Athen über, während bei Synkellos er schon 1110, also 36 Jahre vor der dorischen Wanderung (1074) hier König wird. Man kann indess an einen der früheren Herakleidenartige gegen die Peloponnesos denken.

2) Er setzt hinzu: ut qui plurimum minimumque tradunt, d. i. nicht mehr und nicht weniger vgl. X 18 Jovianus decessit aetatis, ut qui plurimum minimumque tradunt, tertio et trigesimo anno.

Zweifel[1]) haben beide Schriftsteller das gleiche Datum im Auge; war dies der Fall, so lag auch die troische Epoche des Philistos nicht weit von der des Hellanikos oder sie war mit ihr identisch. Das älteste von Philistos erzählte und datirte Ereigniss lag über 800 Jahre vor der Eroberung von Akragas (Ende 406), Diod. XIII 103, also vor 1206; dies ist aber wahrscheinlich die Sikelerwanderung gewesen: denn die der Sikanor scheint nicht genauer bestimmt gewesen zu sein, manche hielten sie für Autochthonen. Das 80. Jahr vor Anfang des Troerkriegs wäre dann 1237. Bedenklich erscheint, dass die Notiz des Eusebios und Synkellos: Καρχηδόνα φησὶ Φίλιστος κτισθῆναι ὑπὸ Ζώρου καὶ Καρχηδόνος τῶν Τυρίων von Hieronymus (der Armenier hat sie nicht) unter Abr. 803 = 1214 v. Chr. (bei dem Syrer Dionysios unter 802) steht; doch ist hier jedenfalls eine der zahlreichen Verschiebungen anzunehmen: denn 50 Jahre nach 1214 findet sich keine troische Epoche und die nächste Notiz (Olympienstiftung 430 Jahre vor Ol. 1, 1) steht bei Abr. 805 ebenfalls am unrechten Orte.

Möglicher Weise gehört hieher die dorische Epoche des Isokrates (1069? p. 586), und wahrscheinlich die troische des Demokritos, welcher laut Diog. La. IX 41 seinen kleinen Diakosmos 730 Jahre nach Ilions Einnahme verfasst zu haben versicherte. Hat Hellanikos die Epoche 1153 geschaffen[2]), so lässt sich an diese nicht denken, obgleich sie ein passendes Abfassungsjahr (424) ergeben würde: denn das hier einschlagende Hauptwerk des Hellanikos, die Herapriesterinnen von Argos, reichte mindestens bis 429 einschl., vgl. fr. 52 bei Steph. Χαονία mit Thuk. II 80, Müller fr. hist. IV 636. Zu der Lebenszeit des Demokritos (493—404) passt aber ausser jener Epoche nur noch die von 1148, welche die Abfassung des Buchs in 418 bringt.

---

1) Thukydides VI 2 setzt die Wanderung um 1013.
2) Schon vorgefunden hat er sie schwerlich; es stehen ohnehin für die sehr alten Epochen 1096, 1147, 1216 nur wenig Schöpfernamen zur Verfügung; einer von ihnen ist jedenfalls Hippys von Rhegion als Vf. der ältesten allgemeinen Chronik; auf Hekataios könnte die von 1216 zurückgehen; von Akusilaos, den Localchronisten und älteren Homerforschern wissen wir nicht, ob sie eine neue troische Epoche geschaffen haben. Um so wahrscheinlicher ist letzteres von Hellanikos dem ersten Verfasser einer Art von allgemeiner Weltgeschichte.

1136 Ephoros.

Ein Ungenannter (Poseidonios?) bei Appianus Mithrid. 53 setzte die Zerstörung Ilions durch Fimbria, geschehen Ol. 173, 4. 85 v. Chr., ungefähr 1050 Jahre nach der alten; ein Excerpt bei Synkellos p. 501, welches 800 Jahre von Troia bis Alexanders Anfang 111, 1. 336 zählt, ist auf Ephoros zurückzuführen, Philolog. XLI 85. Er rechnete 2 Generationen von da zur dorischen Epoche und 67 Jahre liegen zwischen 1136 und 1069; in dieses Jahr aber setzt Diodors Liste der Herakleiden Sparta's bei Euseb. I 222, welche man irriger Weise aus Apollodoros statt aus Ephoros abzuleiten pflegt, den Anfang derselben, Philol. XI. 95. Das Jahr fieng bei ihm nach lakonischem und makedonischem Stil im Herbst an, ebend. XL 48 ff.

Diodors Verzeichniss der jüngeren Königslinie Sparta's ist lückenhaft und, wie die Uebereinstimmung der Summe 290 mit den Posten lehrt, in diesem Zustande schon von Eusebios (I 222. 224) vorgefunden worden. Bei Gutschmids scharfsinniger aber apollodorischen Ursprung[1]) voraussetzender Ergänzung lautet es: Prokles (41. Soos 34. Eurypon) 51. Prytanis 49. Eunomos 45. Charilaos 60. Nikandros 38. Theopompos 47, wodurch, das 10. Jahr des Theopompos mit Diodor auf Ol. 1, 1 gestellt, der Anfang des Prokles auf 1103 kommen würde. Anzuerkennen, weil Cicero de divin. II 91 dem Prokles 1 Jahr weniger gibt als dem Eurysthenes und die Dynastiestifter gewöhnlich in allen Listen gleiche Jahrzahl haben, sind die 41 Jahre des Prokles; aber das Anfangsdatum muss dasselbe sein wie das des Eurysthenes und daraus folgt, dass Soos gar nicht einzusetzen ist; dann aber stimmt alles: 1069 Prokles (41. 1028 Eurypon) 51. 977 Prytanis 49. 928 Eunomos 45. 883 Charilaos 60. 823 Nikandros 38. 785—738 Theopompos; sein 10. Jahr 776. Wie Soos zwischen Prokles und Eurypon von Herodot VIII 131 nicht anerkannt wird und Platons Kratylos 412 b von ihm wie von einem Privatmann spricht, so schreibt Strab. 366 Ἔφορός φησι καλεῖσθαι τοὺς Εὐρυπωντίδας ἀπὸ Εὐρυπῶντος τοῦ Προκλέους; er fand ihn bei Ephoros (s. u.) nicht als König aufgeführt.

---

1) Gegen diesen zeugt die Abweichung der zwei vorhandenen Data (p. 570).

Nach Ephoros bei Strab. 482 ging Lykurgos vor Ablauf der Vormundschaft auf Reisen und traf, ὥς φασί τινες (was aber auch seine eigene Ansicht ist), auf Chios mit Homer zusammen. Damit vgl. Hieronymus zu Abr. 1104: in latina historia haec ad verbum scribta repporimus: Agrippa apud Latinos regnante Homerus poeta in Graecia claruit, ut testantur Apollodorus grammaticus et Ephorus (die Hdschr. Euphorbus) historicus, ante urbem Romam conditam ann. CXXIIII et ut ait Cornelius Nepos ante olympiadem primam ann. C. Nepos setzte Roms Gründung Ol. 7, 2. 751 0; die 124 Jahre sind also entweder dem Gründungsdatum des unbekannten Chronisten oder dem des Hieronymus, welches in der That auf 7, 1. 752·1 traf, entnommen. Apollodoros war von Nepos, Ephoros vielleicht von Apollodoros citirt; dieser wich in Betreff Homers von Eratosthenes, welcher ihn 1084 setzte, ab und hatte daher Grund genug eine Autorität anzurufen. Auf 944 (100 Jahre nach der ionischen Wanderung) stellte er, wie Tatianos 31 (ἠκμακέναι) und aus gleicher Quelle Eusebios zu Abr. 915 (fuisse = Synkell. 339 γεγονέναι, dies nach dem Zusammenhang = floruisse) behaupten. die Blüthe, in Wahrheit aber die Geburt Homers, Clemens strom. I 327 ὥστε ἐπιβαλεῖν αὐτῷ Λυκοῦργον ἔτι νέον ὄντα. Clemens las den Apollodoros selbst. Tatianos und Eusebios compiliren nur einen Leser desselben und γεγονέναι konnte leicht missdeutet werden. Zu Clemens stimmen zwei Benützer Apollodors: Nepos, der die Blüthe des Dichters bei Solinus 40, 17 138 Jahre[1]) vor Ol. 1 (914 = 30 Jahre nach 944) und bei Gellius XVII 21 ungefähr (circiter) 160 Jahre vor Roms Gründung setzt, und Cicero (vgl. p. 570) de rep. II 10 Homerum qui minimum dicunt Lycurgi aetati triginta annis anteponunt fere (914—885 = 29), qu. Tuscul. V 3 Lycurgus, cuius temporibus Homerus etiam (= etiamtunc) fuisse dicitur. Das Jahr 876, in welches Ephoros Homers Blüthe setzte, ist nach obiger Rechnung das achte des Charilaos (883—876): oben in dieses achte setzte aber Sosibios den Dichter und meinte, wie Rohde Rh. Mus. XXXVI 526 bemerkt hat, das Jahr seiner Zusammenkunft mit Lykurgos.

[1]) Die 272 Jahre nach Troia (= 912·1), welche Solinus beigibt, sind, wie Rohde erkannt hat, aus bestimmter Auffassung der 160 Jahre vor Rom (752/1) unter Missachtung des circiter berechnet. Welcher troischen Epoche Euthymenes und Archemachos huldigten, welche bei Clem. strom. 327 Homer einen Zeit- oder Altersgenossen (συγχρονίσται) Hesiods nennen und seine Geburt oder seine Blüthe (γενέσθαι) um das 200. Jahr seit Troia setzen, ist gänzlich unbekannt.

In dem Dialog ἡρωϊκός p. 318 schreibt Philostratos: 'Homeros sang, wie einige behaupten, 24 Jahre[1]) nach dem Troerkrieg; wie andere, 127 Jahre nach demselben, als die Athener die Ansiedlung in Ionien gründeten; manche setzen ihn und Hesiodos 160 Jahre nach dem Troerkrieg, als beide am Wettgesang in Chalkis theilnahmen.' Diese Stelle pflegt beachtet zu werden, nicht aber die parallele, in welcher dieselbe Person (der Winzer) spricht, also keine abweichende Ansicht ausgesprochen sein kann, p. 287 οἱ μὲν Τρωίας ἁλώσης οἱ δὲ ὀλίγαις οἱ δ' ὀκτὼ γενεαῖς ὕστερον ἐπιθέσθαι αὐτὸν τῇ ποιήσει λέγουσιν. Die erste dieser Varianten ist offenbar dieselbe wie die erste p. 318 (24 Jahre nach Troia), auch die zweite hier dieselbe (127 Jahre = fast 4 volle Generationen oder 133 ¹/₃ Jahre) wie die zweite dort (wenige Generationen); also müssten auch die 8 Generationen den 160 Jahren entsprechen, was aber nicht der Fall ist. Aus acht Generationen fünf (160 Jahre = fast 5 volle Gen. oder 167 Jahre) zu machen ist wegen ὀλίγαις unmöglich: bei nur einer Generation Abweichung konnte nicht bloss auf der einen Seite von wenig gesprochen werden, wodurch auf der andern der Begriff der Vielheit hervorgebracht wird. Vielmehr ist p. 318 statt 160 zu schreiben 260: acht volle Generationen sind 267 Jahre. Zu denen, welche Hesiod einen obzwar älteren Zeitgenossen (σύγχρονον) Homers nannten, gehörte Ephoros (fr. 164) und der von ihm etwas modificirte älteste Stammbaum beider setzte sie 8 Glieder nach den Zeitgenossen des Troerkriegs (s. zu 1069): von 1136 bis 876 verlaufen aber genau 260 Jahre. Philostratos hat also die dritte Variante dem Ephoros entnommen, 1136 als dessen troische wie 876 als seine homerische Epoche ist dadurch bestätigt; auch die 127 Jahre dürfen nunmehr auf Ephoros zurückgeführt werden: mit 67 Jahren von Troia bis zur dorischen Epoche und 60 von da zur ionischen erhalten wir 127, die ionische hat er also auf 1109 gestellt.

Den mit φασί eingeleiteten Bericht über die Aiolerwanderung bei Strabon 582 leiten wir ebenfalls aus Ephoros ab. Den Aioler verräth die Behauptung, die aiolische Colonie sei ganze 4 (der Amplification wegen inclusive gezählt statt 3) Generationen älter als die ionische: um diese Prahlerei wahrscheinlich zu machen wird die bereits von Hellanikos

---

[1] Vgl. zu 1059.

aufgestellte Behauptung aufgewärmt, schon Orestes habe sie unternommen, im Unterschied aber von jenem, welcher Orestes auf Lesbos landen, sein Unternehmen aber folgenlos verlaufen liess, angegeben, Orestes sei auf dem Weg in Arkadien, ebenso sein Sohn Penthilos 60 Jahre nach Troia in Thrake gestorben, dessen Sohn Archelaos bis in die Gegend von Kyzikos und erst der jüngste Sohn des Archelaos, Gras (der wahre Auswanderer der älteren Tradition) nach Lesbos gekommen. Schon zur Zeit des Penthilos aber hätten auch Kleues und Malaos, gleichfalls Agamemnoniden (welche aber sonst nicht als Söhne des Orestes bekannt sind) ein Heer zusammengezogen, nur sei der andere Heereszug deswegen eher in Asien angelangt, weil sie in Lokris und am Gebirge Phrikion zu lange blieben; später übergefahren hätten sie (dies wieder in Uebereinstimmung mit der älteren Ueberlieferung) Kyme, das so zum Beinamen Phrikonis gekommen sei, gegründet. Diese Version will offenbar Kyme, die Heimat des Ephoros, älter machen als Lesbos, dessen Städte dem Lesbier Hellanikos, aber auch den andern als die ältesten der Aiolis galten. Die Berichte Strabons über die Gründung der hellenischen Staaten und Wanderungen sind betreffs Althellas wenigstens durchweg dem Ephoros entlehnt; der unsrige aber hängt auf das Engste mit dem des Ephoros bei Strab. 401—2 über die Aiolerwanderung nach Boiotien zusammen.

Schwierigkeit macht in dieser Darstellung eine Jahrzahl, Str. 582 *Πενθίλον πρωελθεῖν μέχρι Θράκης ἑξήκοντα ἔτεσι τῶν Τρωικῶν ὕστερον ἐπ' αὐτὴν τὴν τῶν Ἡρακλειδῶν εἰς Πελοπόννησον κάθοδον*, sofern Niemand sonst zwischen der troischen und dorischen Epoche 60, Ephoros vielmehr 67 Jahre ansetzt. *ὑπὸ* aber als circiter zu nehmen durch *αὐτήν* verboten wird. Aber in Verbindung mit Begriffen von längerer Dauer kann es vom Eintritt während derselben angewendet werden, z. B. *ὑπὸ νύκτα* im Laufe der Nacht, und so ist es hier zu verstehen: 7 Jahre vor Abschluss des Krieges (p. 559), welcher die Wiedereinsetzung der Herakleiden in alle einst von Herakles erworbenen Theile der Peloponnesos herbeiführte. Nur daraus, dass Ephoros den Abschluss desselben, die Landvertheilung mit den Staaten- und Stadtgründungen eine Reihe von Jahren später setzte als die Landung am Rhion, erklärt sich die auffallende Erscheinung, dass Soos nicht als König anerkannt wird. Das p. 690 angeführte Citat des Ephoros bei Strab. 366 ist ungenau: im

Stammbaum erkannte er (und wahrscheinlich auch Herodots Vorgänger) Soos an als Sohn des Prokles und Vater des Eurypon, aber nicht als König: bei Strab. 482 setzt er Lykurgos in das sechste Glied seit Prokles (2. Soos, 3. Eurypon, 4. Prytanis, 5. Eunomos Vater des Polydektes und Lykurgos). Soos war also der älteren[1]) Version zufolge (die jüngere bei Plutarch, d. i. Eratosthenes nennt ihn König) im Mannesalter vor seinem Vater Prokles gestorben, und zwar nach bedeutenden Thaten: zu den berühmten Männern zählt ihn Platons Kratylos, bei Polyainos steht er unter den Schöpfern von Kriegslisten, in Plutarchs Agesilaos wird er geradezu der grösste Held der jüngeren Linie vor Agesilaos genannt und von seinen Thaten Bericht erstattet. Hieraus folgt, dass Ephoros die 41 Regierungsjahre seines Vaters Prokles und die 42 des Eurysthenes nicht von dem Tode des Aristodemos, welcher unmittelbar vor der Einschiffung in Naupaktos und gleich nach ihrer Geburt gestorben war (Herod. VI 52 Pausan. II 1), sondern erst von der Gründung Spartas und der spartanischen Dynastie ab, die vorausgegangene Vormundschaft des Theras aber auf die Dauer des langen Eroberungskrieges gerechnet hat. Auch Agis der Sohn des Eurysthenes ist wenigstens nur 1 Jahr lang König gewesen, hat also die von Ephoros bei Strab. 365 ihm beigelegten Thaten zum Theil unter seinem Vater vollbracht. Die Gründung von Sparta und Argos geschah erst lange nach der dorischen Einwanderung durch die mündig gewordenen Zwillinge und den Sohn des Temenos, Ephoros bei Strab. 483 Κίσσου τοῦ τὸ Ἄργος κτίσαντος περὶ τὸν αὐτὸν χρόνον ἡνίκα Ἡρακλῆς (nur dieser wird genannt, weil von seinem Nachkommen Lykurgos die Rede ist) τὴν Σπάρτην συνῴκιζε; Temenos lebte zwar damals noch[2]), hatte aber den Kissos zum Mitregenten angenommen (Ephoros bei Strab. 389), nachdem sein Schwiegersohn Deiphontes, der für ihn Krieg geführt hatte (Pausan. II 19), getödtet worden war.

67 Jahre nach Troias Fall fand also bei Ephoros nicht die dorische Wanderung sondern das Ende des dorischen Krieges statt und von hier aus

---

1) Die aus guten Quellen geschöpfte Geschichte der dorischen Spartakönige bei Pausanias III 7 lässt nicht erkennen, ob Soos König war oder nicht.

2) Wie gegen die Aioler von Korinth die Dorier des Aletes von Solygeia aus (Thuk. IV 42) den Krieg vermittelst eines ἐπιτροπείας führten, so Temenos gegen die Mykenaier des Tisamenos vom Temenion aus, wo er auch begraben wurde (Pausan. IV 36).

ergibt sich die Möglichkeit den Widerspruch, welcher über seine dorische Epoche zwischen Diodor und Clemens besteht, besser zu lösen als das im Philologus XL 99 versucht worden ist. Die dorische Einwanderung mittelst der Landung am Ithion geschah ungefähr oder fast (σχεδόν, Diod. XVI 76) 750 Jahre vor der Belagerung von Perinthos 340 (incl.) also 1089 oder um dieses Jahr; dagegen die von Clemens str. I 337 angegebenen 735 Jahre bis 111, 2. 335/4 incl. sind auf die Gründung der dorischen Dynastien 1069 zu beziehen. Ephoros hat wohl 20 Jahre auf den Krieg gerechnet, die Dauer der Regierungsunfähigkeit des Zwillingspaares: 20 jährig trat man zu Sparta wie zu Athen in das Heer und die Bürgergemeinde ein, so alt war Telemachos als er die Zügel der Regierung in Haus und Staat ergriff, so alt wird ohne Zweifel auch Orestes zu der Zeit gedacht, als er mit der Rache an Aigisthos die Pflichten und Rechte des Haus- und Staatsoberhauptes auszuüben anfieng (50 Vell. I 2). Zu den 47 und 20 Jahren 1136—1089—1069 vgl. p. 598.

1096 bei Isokrates.

Gades war nach Pomponius Mela III 46 während des Troerkrieges gegründet worden: annorum queis manet ab Iliaca tempestate principia sunt; dieser setzt also ein späteres Datum der troischen Epoche voraus als Strabon p. 48, nach welchem die Phoinikerstädte jenseit der Heraklessäulen und an der Mitte der libyschen Küsten μικρὸν τῶν Τρωικῶν ὕστερον entstanden waren. Utica 287 Jahre vor Carthago (814/3) gebaut, Mirab. auscultat. 134, also 1101/0; zur Zeit des Plinius (hist. XVI 216), 77 n. Chr. stand Gades 1178 Jahre, also seit 1102 oder 1103/2. Velleius I 2 ea tempestate Tyria classis Gadis condidit, ab iisdem post paucos annos Utica condita est denkt bei ea tempestate an die Gründung von Megara nach dem vergeblichen Angriff der Dorier auf Attika; diesen aber setzt er eodem fere tempore mit der vorher angeführten dorischen Wanderung (1104/3, p. 556). Hiernach fällt Gades' Gründung 1103/2 und bei Mela das Ende des troischen Kriegs frühestens 1102, spätestens 1094.

Nach Trogus stand Alba 300 Jahre an der Spitze von Latium, Justin XLIII 1; Livius I 3 setzt ungefähr 30 Jahre zwischen Laviniums und Albas Gründung und gibt I 29 dieser Stadt 400 Jahre bis zu ihrer Zerstörung durch Tullus Hostilius, zählt also ebenfalls 300 bis zur Entstehung Roms, von welcher 100 bis zu ihr gerechnet wurden (Rhein. Mus. XXXV 8). Mit Varro gibt er den römischen Königen 244 und der Anarchie 5 Jahre, aber den Decemvirn 3 statt 2, das Gründungsdatum, welches die von ihm, Trogus und Mela, auch (s. u.) Vergilius, vorgefundene Rechnung voraussetzt, war also um 1 Jahr höher als das varronische: wenn Livius gleichwohl nicht Ol. 6, 2. 755 4 sondern 7, 2. 751 0 (Mommsen röm. Chronol. 121) zu Grund legt, so kommt dies daher, dass er die 4 Dictatorjahre missverständlich ausgemerzt hat. Die Gründung von Alba setzen wir daher im Sinne seines Gewährsmanns auf 1085/4. Das Intervall von Troia bis dahin lernen wir aus Vergilius kennen. Auch dieser zählt Aen. I 265 von Lavinium und dem Ende des Aeneas bis zur Gründung Albas 30, von da his Romulus 300 Jahre; jenes Intervall aber berechnet sich aus ihm auf 12. Nach der Eroberung zieht sich Aeneas in die Berge zurück (II 804); dort sammelt er allmählich einen grossen Theil der Entronnenen, holt Göttersprüche ein und haut eine Flotte (III 5—8); mit Frühlings Anfang sticht er in die See, III 8 vix prima inceperat aestas. Bei Dido erscheint er von Sicilien kommend 6 volle Jahre später, I 755 te iam septima portat omnibus errantem terris et fluctibus aestas, also im 6. Jahr seit Troias Fall. Bei ihr bringt er den Winter zu (IV 193); als er dann zum zweiten Mal auf Sicilien landete, war ein volles Jahr seit der Abfahrt von der Insel verflossen (V 46. III 710), woraus hervorgeht, dass V 626 septima post Troiae excidium iam vertitur (läuft ab) aestas, cum freta cum terras omnes emensae ferimur nicht septima post sondern septima cum — ferimur unmittelbar zu verbinden und aestas als poetischer Ausdruck für annus zu nehmen ist. In Latium landet Aeneas zur Zeit der Obstreife (VII 111), also im Juli oder August, im Anfang eines neuen attischen Jahres. Von hier bis zur Gründung von Lavinium und zu Aeneas Tod sind 3 Jahre (I 266). So zählt auch Synkellos 9 Jahre von Troia bis zur Landung in Latium (Weltj. 4331 — 4340) und 3 Regierungsjahre des Aineias. Die Zerstörung Troias fällt hienach in das attische Jahr 1097 6.

Isokrates legt im Panathenaikos eine niedrigere troische Epoche zu Grund als in den p. 586 citirten Reden; ihre Erkenntniss ist durch einen groben Textfehler verdunkelt, c. 59 φαίνεται ὁ δῆμος ταύτῃ (τῇ πολιτείᾳ) χρώμενος οὐκ ἔλαττον χιλίων ἐτῶν μέχρι τῆς Σόλωνος μὲν ἡλικίας Πεισιστρατοῦ δὲ δυναστείας. Hienach würde Theseus die Republik im XVI. Jahrhundert eingeführt haben, ein halbes Jahrtausend vor der Wanderung der Herakleiden, deren flüchtigen Urgrossvater er in Attika aufgenommen hat! Statt χιλίων ist ἑξακοσίων zu lesen: die zwei Bedeutungen der Ziffer Χ sind wie bei Josephos g. Ap. I 16 mit einander verwechselt worden, vgl. Chronol. d. Man. 172. Gutschmid zu Euseb. chr. I 160. Die Willkürherrschaft des Peisistratos, an welche laut den Worten πολλὰ τὴν πόλιν λυμηνάμενος καὶ τοὺς βελτίστους τῶν πολιτῶν ἐκβαλών gedacht ist, begann (de bigis c. 10) 551, Jahrbb. 1883 p. 384; zu dieser Zeit denkt auch Herodot I 29 und Herakleides bei Plut. Sol. 32 den Gesetzgeber noch lebend. Die Einführung der Volksfreiheit wurde von denen, welche sie dem Theseus zuschrieben, in den Anfang seiner Regierung verlegt, Plut. Thes. 22, was trotz panath. 50 ἔχων τὴν βασιλείαν ἐν ᾗ πολλὰ καὶ καλὰ διαπεπραγμένος ἦν auch für Isokrates anzunehmen ist: die Heraklessöhne nahm Theseus lange vor, den Adrastos kurz vor dem Troerkrieg auf, paneg. § 54, vgl. panath. c. 70; Theseus hat also lange Zeit regiert. Von 1151—1145 bis 1097 verfliessen 48—54 Jahre: die parische Chronik zählt 54 von Einführung der Volksfreiheit bis zum Falle Troias; auf die Regierung des Theseus und Menestheus zusammen rechnet Synkellos 64, Kastor 63, Africanus 50, Eusebios 53. — Während in den zwei andern Schriften Isokrates darauf ausgeht, Sparta's Glück und Ruhm durch Hervorhebung seiner langen Dauer zu verherrlichen, verfolgt er hier den entgegengesetzten Zweck; daher schreibt er c. 82, mit Bezug auf das Abfassungsjahr 110, 1. 339: Σπαρτιάτας ἐνταῦθα κατοικεῖν οὐ πλείω ᾑσουσιν ἐτῶν ἑπτακοσίων, setzt also die Gründung des dorischen Staates Sparta frühestens in 1039/8; höher zu gehen verbietet der Ausdruck οὐ πλείω; auch an ein niedrigeres Datum ist kaum zu denken, weil in diesem Fall der Effect durch Wendungen wie 'nicht einmal 700' noch hätte gesteigert werden können. Die 57 Jahre 1096—1039 entsprechen den 57 bei Africanus vom Tod Agamemnons bis zum Ende seiner Dynastie. 15 Jahre später liegt das Datum der Gründung von Lesbos 1024; dazu trifft (durch Zufall?) Velleius I 2 exclusi ab Heraclidis Orestis liberi quintodecimo anno sedem cepere circa Lesbum.

Phaneias, Schüler und Freund des Aristoteles, zählte 715 Jahre von dem Herakleidenzug bis 111, 2. 335/4, s. Clemens str. 1 337, setzte also den Zug 1049. Mit diesem Datum hängt wohl die abgerissene Notiz des Eusebios zu Abr. 869 = 1148 v. Chr.: secundum quosdam Heraclidarum descensus zusammen; den vollständigen Text hat Synkellos gerettet, welcher p. 334 an chronologisch gleicher Stelle schreibt: Ἡρακλειδῶν κάθοδος· Ὕλλου τοῦ πρεσβυτέρου παιδὸς Ἡρακλέους ἡγουμένου τῆς κατὰ Πελοποννησίων μάχης, ἥτις ἐπεκράτησεν ἱκανοῖς ἔτεσι μεταξὺ Πελοποννησίων καὶ τῶν Ἡρακλειδῶν; die 100 Jahre, welche nach Herodot IX 26 von dem unglücklichen Kampf des Hyllos auf dem Isthmos bis zu der glücklichen Landung am Rhion verflossen, sind hier auf 1148—1049 gestellt. Von 1049 bis zur Gründung des dorischen Sparta verlaufen, wenn wir Phaneias mit Isokrates verbinden, 10 Jahre: 1049 — 1039; sie erinnern an die 10 Jahre, auf welche bei Apollodoros bibl. II 8, 3 der Herakleide Hippotes bei der Landung verbannt wurde. Sein Sohn Aletes gründete im Sinne dieser Sage ohne Zweifel nach Ablauf des 10 jährigen Exils Korinth, dessen Entstehung, ursprünglich gleichzeitig mit der von Sparta, dann, als diese mit der dorischen Wanderung zusammengeworfen ward, 1 — 2 (bei Velleius 6) Jahre nach ihr, immer aber geraume Zeit später als die Wanderung gesetzt wurde. Die 10, nach Didymos bei Schol. Pind. ol. 13, 17 30 Jahre sind nur Varianten der 20 und 25, p. 595. 573; die 47 Jahre 1096—1049 entsprechen den 47 des Ephoros 1136 1089 p. 595.

Aristoteles [1]) hat die ionische Wanderung ungefähr ein Jahrzehnt vor Smyrnas Colonisirung gesetzt. Zur Zeit da Neleus die Wanderung leitete, so meldet die erste der zwei pseudoplutarchischen Homerbiographien aus Arist. περὶ ποιητικῆς, wurde ein Mädchen aus Ios, Namens Kritheis von einem Dämon schwanger; von Seeräubern dem Lyderfürsten Maion in Smyrna zugeführt, welcher sie heirathete, genas sie eines Knaben, welchen jener adoptirte und aufzog. Bald starb Maion;. die Lyder aber, von den Aiolern bedrängt, beschlossen auszuwandern und als der Herold männiglich zum Auszug einlud, da rief der Knabe (ἔτι νήπιος ὤν), er wolle auch mitgehen (ὁμηρεῖν); davon wurde er Homeros statt, wie bisher, Melesigenes genannt. — Smyrna wurde von den Aiolern nach guter Ueberlieferung (s. zu 1270) 986 gegründet; das kürzeste unter den auf

---

1) Er und Aristoxenos, vielleicht auch Phaneias setzte Troia's Fall, wie uns scheint, 1059, jedenfalls hatte die dorische und die ionische Wanderung bei dieser Epoche dasselbe Datum wie bei der Ep. 1096.

uns gekommenen Intervallen zwischen Troias Fall und der ionischen Wanderung ist das von Aristarchos bei Euseb. zu Abr. 915 = Synkell. 339 überlieferte: 100¹) Jahre. Diese reichen von 1097/6 bis 997 6, dem niedrigsten und damit besten Datum der Ionierwanderung, welches sich ermitteln lässt; aus ihm ist wohl auch die tr. Epoche 1096 (3 Generationen vorher) gebildet worden. Vom letzten Jahr des Menestheus, in welches den Fall Troias die meisten setzten²), bis zum Anfang des Medon, in welchem nach der älteren Ueberlieferung die Wanderung vor sich gieng, verlaufen bei Africanus (p. 552) 100, bei Synkellos (p. 582) 102 Jahre. Nach Kreophylos bei Athenaios VIII 361 hatten die Ionier, welche Ephesos gründeten, vorher 21 Jahre lang auf Samos gehaust; nach Mulakos bei Athenaios VI 267 waren es Unterthanen (δοῦλοι) der Samier, welche von ihren Herren abfielen, sich in den Bergen der Insel festsetzten und dort einen Raubkrieg führten, bis sie im 6. Jahr einem Orakel folgend vertragsmässig abzogen und Ephesos besetzten. Unter den Samiern versteht er offenbar die Einwanderer, welche der Ionier Prokles aus Epidauros dahin geführt hatte: die neuen Ephesier wandten sich nach Pausan. VII 2 und 4 unter Androklos gegen Leogoras, den Sohn des Prokles, und verjagten ihn sammt seinem Volk; ein Theil desselben wanderte nach Samothrake, mit dem andern setzte sich Leogoras in Anaia fest und gewann 10 Jahre später die Insel den Ephesiern wieder ab; darnach zog Androklos zum Entsatz von Priene gegen die Karier und fand dort in siegreichem Kampfe den Tod. Samothrake wurde nach Apollodoros bei Schol. AD zu Il. N 12 μετὰ διακοσιοστὸν καὶ ἕνατον (D bloss διακοσιοστὸν) ἔτος τῶν Τρωικῶν, also 975/4 gegründet.

Wir datiren demgemäss: 1039 Gründung von Sparta, Argos, Korinth, 1024 von Lesbos, 1004 von Kyme; 997 Wanderung der Ionier, von welchen sich ein Theil unter Androklos auf Samos niederlässt; 986 werden diese von den Epidauriern unterworfen, aus Smyrna von den Aiolern

---

1) Die 140, welche Tatianus 31 und Clemens strom. I 327 statt 100 angeben, sind aus ihrem dem eratosthenischen System interpolirt; ähnlich haben sie dem Homerdatum des Philochoros mitgespielt, vgl. p. 525.

2) Die parische Chronik in sein vorletztes, Dionysios von Argos bei Clemens strom. I 321 in das erste Demophons und dieses ist auch in dem Citat des Schol. Eur. Hek. 892 aus Lysimachos anstatt des vierten herzustellen.

die Barbaren vertrieben; 981 empören sich die Ionier des Androklos, gründen 976 Ephesos und werfen 975 die Epidaurier aus der Insel, die 965 von diesen wiedergewonnen wird; Samothrake 975 gegründet.

1059 (Pherekydes).

'Die Pythagoriker Androkydes in dem Buch *περὶ τῶν συμβόλων* und Eubulides, ferner die Biographen des Pythagoras Aristoxenos, Hippobotos und Neanthes bestimmen die Dauer einer Seelenwanderung auf 216 Jahre[1]) als den Kubus der seelenzeugenden Zahl 6: nach so viel Jahren sei Pythagoras wiedererstanden; dem entspricht die Zeit, nach welcher er die Seele des Euphorbos erhalten hat: fast genau (*ἔγγιστα*) 514 Jahre zählt man von den Troika bis zu dem Physiker Xenophanes und den Zeiten des Anakreon und Polykrates, ferner der Belagerung und Auswanderung der Ionier, bei welcher die Phokaier Massalia besiedelten; welchen allen Pythagoras gleichzeitig war. Nimmt man die 216 doppelt, so bleiben die 82 (= 514 — 432) Lebensjahre desselben.' So schreibt Iamblichos theologum. arithmet. 40; seine unmittelbare Quelle ist wohl Androkydes, die älteste der mittelbaren Aristoxenos, Schüler des Aristoteles. Die angegebenen Synchronismen sollen offenbar alle einem und demselben Jahre angehören, Ol. 58, 3. 546/5, von wo 514 Jahre in 1060/59 führen.[2])

Etwa im November 546 eroberte Kyros Sardes, zog nach kurzem Verweilen wieder ab, indem er dem Mazares die Unterwerfung der noch unabhängig gebliebenen Theile des Lyderreiches auftrug, und schickte, als dieser gleich im Beginn des Feldzugs starb, als Nachfolger den Harpagos (Herod. 1 162); letzteres ist wohl im Frühling oder Sommer 545 geschehen. Polykrates Regierung begann 58, 2. 547/6, Diog. La. II 2.

---

1) Vom Tod des Vorgängers bis zur Geburt des Nachfolgers, Diog. La. VIII 14 *αὐτὸς ἐν τῇ γραφῇ φησι δι' ἐτῶν (ἐκατὸν) καὶ διακοσίων ἐτίων ἐξ ᾅδου παραγεγενῆσθαι εἰς ἀνθρώπους* (das Vorhergehende laut Citat, das Nachfolgende laut Porphyr. Pyth. 27 aus Aristoxenos). Diese Lehre konnte zwischen Euphorbos und Pythagoras nur die Ilias annehmen; was jene angeblich von Pyth. verfasste, gewiss aber sehr alte Schrift wirklich thal, s. Schol. Apoll. Rhod. I 645. Sie und Aristoxenos setzten vermuthlich: 1060 Tod des Euphorbos; 844—784 Sohn des Hermes und einer samischen Nymphe; 564—494 (493) Pythagoras.

2) In die 10. Generation nach den Troika wurde die Gründung der ersten Hellenenstädte Siciliens (Ol. 11, 3. 783) nach Strab. 267 von Ephoros gesetzt (vgl. Skymn. 272), was zu dessen Epoche 1136 nicht passt; vielleicht hatte Ephoros nur die Meinung des Antiochos von Syrakusai angeführt. Die 10. Generation nach 1060/59 umfasst die Jahre 760—727.

Aristoteles erkannte Melanthos, den Vater des Kodros, nicht als König Athens an, polit. V 8 ἐτύγχανον τῆς (βασιλείας) οἱ μὲν κατὰ πόλεμον κωλύσαντες δουλεύειν ὥσπερ Κόδρος, vgl. Plutarch exil. 18 Κόδρος τίνος ὢν βασίλειοσιν; οὐ Μελάνθου φυγάδος ἐκ Μεσσήνης: streicht man die 37 Jahre, welche Africanus, Eusebios, Pseudeusebios (mit der parischen Chronik, s. zu 1207) und Synkellos (Hellanikos) d. i. alle[1]) bekannten Listen ihm geben, so sinkt die Epoche von 1096 auf 1059 herab und Kodros, nicht Melanthos erwarb den Thron der Erechtheiden 1018 durch die siegreiche Abwehr der Boioter.

Homer kennt während des Troerkrieges und noch im 10. Jahr nach diesem keine Dorier in der Peloponnesos; dagegen die Boioter sitzen dem Schiffkatalog zufolge, wie auch N 685 vorausgesetzt wird, spätestens seit dem Jahr, das dem Troerkrieg vorausgieng, bereits in dem nach ihnen benannten Lande. Die Hypothese, welche Thukydides I 12 zu Hülfe nimmt, um Homers Darstellung mit der Ansicht, welche den Fall Troias 59—60 Jahre vor der Boioterwanderung setzte, in Einklang zu bringen, ist offenbar eine Ausflucht der Verlegenheit; wer Homers Angaben für historisch hielt, musste, wenn er wie Thukydides 20 Jahre zwischen der boiotischen Wanderung und der dorischen zählte, jene unmittelbar vor den Anfang des Troerkriegs und diese gleich nach der 19 Jahre späteren Heimkehr des Odysseus setzen[2]); wenn die ersten Chronologen die dorische Wanderung 1049, die boiotische also 1069 setzten, so dauerte ihnen der troische Krieg 1068—1059. Diese Rechnung ist vielleicht vorausgesetzt, wenn Diodor IV 58 nicht wie Herodot 100 sondern nur 50 Jahre von dem unglücklichen Kampfe des Hyllos bis zum Einzug der Dorier in die Peloponnesos verlaufen lässt. Ein guter Theil der 50 Jahre geht dem Troerkrieg voraus: geraume Zeit nach jenem Kampf (μετά τινας χρόνους) wird Likymnios der Oheim und Tlepolemos der Sohn des Herakles in Argos aufgenommen; später tödtet dieser den Likymnios und flieht nach Rhodos; dort gastlich aufgenommen hellenisirt er die Barbaren der Insel,

---

1) Nur bei Kastor hat er möglicher Weise 32; doch kann das Weniger von 6 Jahren (p. 577) statt seiner den Kodros getroffen haben.

2) Der Entstehungsgang hat wahrscheinlich den umgekehrten Weg eingeschlagen: die dorische Wanderung wurde 20 Jahre nach der boiotischen gesetzt, weil dies das kürzeste mit den 19 für den Troerkrieg und Odysseus Irrfahrten von Homer vorausgesetzten Jahren vereinbarliche Intervall war.

gründet mit ihnen drei Städte und wird zum König erhoben; endlich κατὰ τοὺς ὕστερον χρόνους betheiligt er sich an Agamemnons Heerfahrt gegen Ilion. Aehnliche Verkürzung des Intervalls zwischen Hyllos und der Dorierwanderung zeigt die verwandte Darstellung des jüngeren Apollodoros bibl. II 8, 3, wo Dymas und Pamphylos, die Söhne des Aigimios, welcher Hyllos den Sohn seines Freundes Herakles adoptirt hatte, bei der Einwanderung im Kampfe mit Orestes' Sohn Tisamenos den Tod finden. In ihrer ursprünglichen (von Diodor und Apollodor bereits contaminirten) Fassung hatte diese Version vielleicht Pherekydes gegeben: bei ihm ist nicht Theseus sondern sein Sohn Demophon, der in den Listen ein paar Jahrzehnte vor der Dorierwanderung stirbt, der Beschützer und Bundesgenosse des Hyllos und der andern Heraklessöhne gegen Eurystheus, nach dessen Niederlage und Tod Alkmene in Theben aus dem Leben scheidet (fr. 39 bei Anton. Liberalis 33, vgl. Apoll. II 8, 1); auf ihn geht wohl auch die Angabe des Trogus zurück, Demophon sei der (unmittelbare) Nachfolger des Theseus gewesen, Justin. II 6, 15.

Pherekydes, Hellanikos und Damastes gaben nach Proklos, vita Homeri, dem Dichter folgenden Stammbaum: 1. Orpheus, 2. Dorion, 3. Eukles, 4. Idmonides, 5. Philoterpes, 6. Chariphemos, 7. Epiphrades, 8. Melanopos, 9. Apelles, 10. Maion, sein Bruder Dios, 11. Homeros, sein Vetter (Dios' Sohn) Hesiodos. Denselben, mit unwesentlichen Abweichungen (2. Dres, 6. Euphemos) überliefert Charax bei Suid. Ὅμηρος, welcher Hesiods Linie seines Zweckes wegen übergeht, vor Orpheus aber noch dessen Ahnen anbringt: 1. Linos Sohn der Thrakerin Aithusa, 2. Pieros, 3. Oiagros. Die volksthümliche Sage hielt Orpheus für einen Zeitgenossen der Argonauten, manche rechneten ihn auch zu denselben; aber die orphische Mystik fand es in ihrem Interesse gelegen, ihn in eine frühere Zeit zu versetzen, daher schon Herodoros, Zeitgenosse des Sokrates, zwei Orpheus unterschied; den älteren setzt Hesychios 11 Generationen vor dem Troerkrieg und hält, was der Schöpfer obigen Stammbaums schwerlich gethan hat, ihn für den Sohn des Oiagros, Suid. Ὀρφ. Ἀπ,ιθ;θων; andere ebenda gaben Orpheus eine so lange Lebensdauer, dass die Trennung in zwei Personen unnöthig wurde. Rohde Rh. Mus. XXXVI 384 ff. benützt die Meinung des Hesychios für seine Ansicht, dass die ältesten Homerbiographen den Dichter in die Zeiten des Troerkriegs gesetzt haben, legt solche Datirung des Dichters auch dem Urheber des Stammbaums bei (der im Sinne des Hesychios ihn freilich noch eine Generation vor dem Troerkrieg bringen würde), lässt aber bloss Hellanikos, welcher neben dem späten Kleanthes allein als Vertreter jenes Stammbaums im Certamen Homeri et Hesiodi genannt wird, als Zeugen gelten: die Nennung des Damastes werde durch vita Homeri VI: δίκαιον αὐτὸν ἀπὸ Μουσαίου φησὶ γεγονέναι Δαμάσης als unrichtig erwiesen, dadurch aber auch die des Pherekydes mindestens zweifelhaft gemacht. Diese Athetese scheitert an dem Umstand, dass von den zwei im Alterthum unter Damastes Namen gehenden Schriften, in welchen Homers Abkunft behandelt gewesen sein kann, die eine von der Mehrzahl — wie hier sich zeigt mit Recht — dem Polos beigelegt wurde, Suid. Πῶλος] ἔγραψε γενεαλογίαν τῶν ἐπὶ Ἴλιον στρατευσάντων Ἑλλήνων τε καὶ βαρβάρων καὶ πῶς ἕκαστος ἀπήλλαξε· τινὲς δὲ αὐτὸ Δαμάστιον ἐπιγράφουσι. Der Sophist Polos von Akragas war ein Schüler des Gorgias (Plat. Gorg. 448 u. a.), dieser aber hatte, Homeros von Musaios abgeleitet, Proklos a. a. O.: *Γοργίας δὲ ὁ Λεοντίνος εἰς Μουσαῖον αὐτὸν ἀνάγει*, eine Meinung, welche sich demnach auch sein Schüler angeeignet hat. Der ächte Damastes folgt, wie seine Fragmente lehren, meistens dem Hellanikos: das hat er also auch in seiner Schrift περὶ ποιητῶν καὶ σοφιστῶν gethan.

Schöpfer des auf Orpheus zurückgehenden Stammbaums ist hienach Pherekydes, der 1—2 Generationen vor Hellanikos geschrieben hat; weder er noch seine Nachfolger hatten Anlass einen Stammbaum aufzustellen, in welchem nicht nur Homer sondern auch sein gleichaltriger, nach manchen älterer Vetter Hesiodos, wie Rohde annehmen muss, in die Zeiten des Troerkriegs gestellt war: weniger als 160 Jahre nachher hat diesen Niemand gesetzt; wer Homer jenem Kriege nahebrachte, dachte sich denselben viel älter als Hesiod und verwarf den genannten Stammbaum. Orpheus wurde, wenn wir von den Neuerungen der Orphiker und ihrer Nachbeter absehen, 2 Generationen vor dem Troerkrieg gesetzt, Suid. Ὀρφεὺς Κικωναῖος] δύο γενεαῖς πρότερος τῶν Τρωικῶν; desswegen liessen die, welche demselben ein ungewöhnlich langes Leben beilegten, ihn 9 Generationen hindurch wirken, wodurch der 11 Menschenalter vor dem Troerkrieg lebende mit dem nur 2 Generationen vor diesem, was die Zeit der Argofahrt ist, thätigen vereinigt werden konnte. Zeitgenosse des Troerkriegs ist also der Enkel des Orpheus, Eukles, dieser steht aber um 8 Glieder höher als Homeros im Stammbaum; die Gliederzahl hat später Ephoros um eine vermindert, aber den alten Zeitbetrag mit 260 Jahren (p. 592) ungefähr beibehalten. Wie sich Pherekydes die Geburt eines Sängers thrakischer Abkunft in Smyrna erklärte, lehrt Charax bei Suidas Ὅμηρος, indem er zu Maion bemerkt: ὃς ἦλθεν ἅμα ταῖς Ἀμαζόσιν ἐν Σμύρνῃ καὶ γήμας Εὐμητιν τὴν Εὐέπους τοῦ Μελησιγένους ἐποίησεν Ὅμηρον. Wie dieser Zusatz mit Recht von Rohde auf die älteste Darstellung des Stammbaums zurückgeführt wird, so gehört ihr auch das Geburtsdatum des Dichters bei Charax a. a. O. an: γέγονε πρὸ τοῦ τεθῆναι τὴν α΄ Ὀλυμπιάδα πρὸ ἐνιαυτῶν νζ, also 833/2.[1]) Setzte Pherekydes seine Blüthe, für deren Bestimmung man keinen geschichtlichen Anhalt hatte, 40 Jahre nach der Geburt, so fiel sie 793/2: von da aber sind 267 Jahre, also genau 8 Generationen bis 1060/59. Nahm Pherekydes wie Ephoros 260 Jahre, so kam er auf 800.799, wo Homer 33 Jahre alt war. Auch diese Zeit, die Generationsdauer, ist zur hypothetischen Bestimmung des Blüthenjahrs verwendet worden. Wer Homers Blüthe 24 Jahre nach Troias Fall setzte (p. 592), dem fiel seine Geburt offenbar auf den Anfang des Krieges.[2])

Die Amazonenzüge in Asien hängen mit den Zügen der Kimmerier zusammen: weil die Zerstörung des Artemisheiligthums in Ephesos bald den Amazonen bald den Kimmeriern zugeschrieben wurde, werden beide von Eusebios, Orosius, Synkellos als Bundesgenossen vereinigt, vgl. Gelzer Rh. Mus. XXX 258. Rohde ebend. XXXVI 393; die Amazonen unter Sinope gründen die Stadt gleichen Namens, Skymn. 941, nach Herodot IV 12 wohnten zuerst die Kimmerier dort. Vor den bekannten Zügen der letzteren im VII. Jahrhundert findet sich ein einziger genannt, in der Zeit der Gründung Sinopes durch die Milesier, Skymn. 948; er ist wahrscheinlich derselbe, welcher zur Zeit des Gyges ein Gegenstand künstlerischer Darstellung war, Nikol. Dam. fr. 62. Eusebios setzt 756 v. Chr. die Gründung von Trapezunt, welche von Sinope ausgieng; die von Sinope

---

1) Von Sosibios, um das Blüthendatum zu bestimmen, um 33 Jahre erhöht (866).
2) Der Chronist von 880, der einzige welcher Homers Lebensdauer angibt, lässt ihn unter Berufung auf Diodor bei der dorischen Wanderung 1103 im 90. Lebensjahr sterben, der Troerkrieg beginnt ihm also 1192 im Geburtsjahr des Dichters.

selbst führt er nicht an, sie hat jedenfalls erheblich früher stattgefunden.[1]) Die alten Chronographen hatten ohne Zweifel sowohl die Gründung von Sinope als den mit ihr zusammenhängenden Zug der Amazonen-Kimmerier nach Westkleinasien verzeichnet. Manche setzten Homers Geburt, andere seine Blüthe in die Zeit desselben, Strab. p. 20 ὅτι οἴδεν (Ὅμηρος τοὺς Κιμμερίους). οἱ χρονογράφοι δηλοῦσιν ἢ μικρὸν πρὸ αὐτοῦ τὴν τῶν Κιμμερίων ἔφοδον ἢ κατ' αὐτὸν ἀναγράφοντες; zwischen beiden Ansichten schwankt Strabon selbst, p. 149 und p. 6 κατ' αὐτὸν ἢ μικρὸν πρὸ αὐτοῦ μέχρι Ἰωνίας ἐπέδραμον τὴν γῆν. Zu den ersteren gehört Pherekydes, zu den andern Herodot II 53. Durch Pherekydes, Hellanikos, Damastes und die von Strabon gemeinten Schriftsteller war dieser Zug so eng mit dem Namen Homers verknüpft, dass manche, die Homer in eine andere Zeit setzten, auch den Heereszug in diese verlegten. Daher kommt es, dass Eusebios um 1146 v. Chr. die Verbrennung des ephesischen Tempels durch die Amazonen, um 1077 den Heereszug der Amazonen mit den Kimmeriern in Kleinasien setzt; einige Zeit vor jenem Datum, um 1160 merkt er Homers Blüthe an und nicht lange vor dem andern, 1084 setzte Eratosthenes dieselbe. Orosius I 21 geht noch weiter: 30 Jahre[2]) vor Roms Gründung, also 785/4 setzt er einen Kampf zwischen Peloponnesiern und Athenern, dessen Ausgang unentschieden blieb, ferner die Verheerung Asiens durch Amazonen und Kimmerier. Der Kampf ist kein andrer als der durch Kodros Opfertod zu Ende gebrachte, welcher in den Notizen des eusobischen Kanons jener Verheerung vorausgeht; Orosius (oder sein Vorgänger) verlegt diese auf 785, weil er den von Tatianos 39. Euseb. Abr. 915 u. a. Erwähnten folgt, welche den Dichter 400 Jahre nach Troia, wenige Jahre vor Olymp. 1, also 784 (785) setzten; in seiner Unwissenheit lässt er auch den Kampf der Peloponnesier und Athener mit dahin wandern, obgleich er ihn schon vorher (I 18) an seinem Orte erwähnt hat.

---

1) Vor 776: die fortlaufende Reihe seiner Notizen beginnt mit Olymp. 1.
2) Der Laur. von erster Hand 300, eine Verwechselung von trecentesimo mit tricensimo; die Ordnung der Kreignisse verlangt 30.